JN026264

介護現場で
セクハラ・パワハラを
起こさない！

事例に学ぶ 今日からできる ハラスメント予防

UAゼンセン
日本介護クラフトユニオン（NCCU）
副会長

村上 久美子

淑徳大学総合福祉学部教授

結城 康博

編著

ぎょうせい

　UA ゼンセン日本介護クラフトユニオン（NCCU）が「ご利用者・ご家族からのハラスメントに関するアンケート」を行った際、「実際に体験したハラスメントの内容」に記入されていた文章に次のようなものがある。

　「トイレ介助の際、爪痕が残るほど腕を引っ掻かれた。平手でマスクが飛んでいくほど叩かれた。『役立たず』『アホ』と言われた。

　レシピ通り料理を作ったが『まずい』『上長を呼びなさい』『介護職員としては失格。今すぐ退職しなさい』『こんな料理を毎晩食べさせられるあなたのご主人が気の毒よ』等と言われ、背中を叩かれた。

　入浴介助から上がってきた職員が爪で顔を引っ掻かれ、血と汗でひどい顔だったり、クマに襲われたように腕が掻き傷で血だらけだったりするのは日常の事であった。

　しかし、私は、介護職員も、利用者と同じように…人としての尊厳は守られるべきだと思う。BPSD（Behavioral and Psychological Symptoms of Dementia：認知症の行動・心理症状）と片付けてしまわないで、きちんとご家族にも事実を伝えるべきで、私たちは何をされても何も言えないのは間違いだとずっと思ってきた。

　新聞やテレビで報道される虐待は職員からのものがほとんどであるが、逆の時もあり、結果だけを見るのではなく、そこに至った経緯も見過ごされてはいけないと思う。病気がそうさせていると理解する事も大切であるが、ケアする人をケアする体制が整わなければ離職するのは仕

方がないかもしれない。利用者だけが弱者という捉え方は違うと思う。どんなに認知症が重度になってもやっていいこと、よくないことの線引きは必要だと思う。働きやすい職場への改善を目指し、現状のままでは良くないと、ずっと入社当時から思っていた」

　介護現場において、すべてのご利用者・ご家族がハラスメントを行っているわけではない。中には、ハラスメントの認識がなく、介護者に対して不適切な行為に及んでいるご利用者・ご家族もいる。

　とはいえ、このような介護従事者からの「悲痛な声」を目の当たりにした時、筆者は「介護の仕事は、ご利用者に病気や障害があれば、不快なことや苦痛なことがあっても我慢しなければならないのか。そうなのであれば、このままでは介護保険制度は働く側から崩壊してしまう」という漠然とした危機感を覚えた。

　ハラスメントが全くなくなることはない。しかし、予防することはできる。ご利用者・ご家族の行為がハラスメントになる前に、介護のプロとしてできることはないのだろうか。

　本書は、ご利用者・ご家族等からのハラスメントを発生させない、そしてハラスメントから介護従事者を守るという観点から、「今日からできるハラスメント予防と働きやすい職場環境づくり」について、事例を交えてわかりやすく解説している。なお、掲載されている事例は、個人情報保護の観点から、地域、性別、家族構成、内容など実際のケースを脚色していることをご承知いただきたい。

　本書は、大きく三部構成となっている。第1部では「なぜハラスメントが起こるのか」など、前提となる基本知識を理解してもらう内容となっている。第2部ではサービス別の事例を紹介し、その対応方法と予防策

を解説している。第3部では、法人や事業者がどのようにハラスメント
から介護従事者を守っていくか、そして今後の介護施策などについても
触れている。

　介護従事者、管理職、施設長、経営者、自治体職員などを対象とした
「介護現場におけるハラスメント研修」のテキストとして、介護・福祉
を学んでいる学生が身につけておくべき基本知識として、そして、これ
から介護を必要とする時が来るであろう人たちが、介護従事者からの
サービスを気持ちよく受けることができるよう、この書を活用いただけ
れば幸いである。

2022年9月　執筆者を代表して

村上　久美子

[UAゼンセン日本介護クラフトユニオン（NCCU）副会長]

目　　次

はじめに

第3部 今日からできるハラスメント予防
～働きやすい職場づくりのために～

第11章　現場で求められるハラスメント対策

終章　今後のハラスメント対策を踏まえた介護施策

おわりに

第1部

介護現場における
ハラスメントの基礎知識

第1章 介護現場におけるご利用者・ご家族からのハラスメントの実態

1 介護業界の人材不足

　読者の皆さんは、深刻さを増す介護業界の人材不足の現状を見聞したことがあるだろう。2022年7月の有効求人倍率が3.70倍（全職業1.15倍）と高止まりの状態であるが[1]、解消される気配はない。また、介護職の高齢化も深刻な状態となっており、介護労働安定センターの「令和2年度介護労働者の就業実態と就業意識調査」によると、介護労働者の平均年齢は47.5歳であり、45歳以上の割合が53.2%となっている[2]。

　若い世代の入職者は少なく、このままでは増え続ける要介護高齢者を支えることはできない。一刻も早く介護従事者を確保・定着させ、介護保険制度を働く側から崩壊させることのないよう、手立てを講じなくてはならないであろう。

　そして、介護従事者の離職を防止し、安心・安定して働き続けるためには、働きやすい職場環境を構築することも重要である。

　2018年4月、筆者が所属するUAゼンセン日本介護クラフトユニオン（以下、NCCU）は、離職の一因でもある介護業界における「ご利用者・ご家族からのハラスメント」について調査を実施し、介護従事者をハラスメントから守り働きやすい職場にするための活動を開始した。

　まずは、NCCUがなぜこのような調査を行ったのか、そして、その結果から見えてきた介護現場におけるハラスメントの実態について考えてみよう。

❷　介護現場のハラスメントの実態を調査

(1) 高齢者施設で介護職員が虐待…その一方で

　介護現場では、介護従事者による高齢者への虐待について様々な形で報道がなされ、国も実態調査や法整備、マニュアルの作成など対応を図っている。

　一方で、介護サービスを利用する高齢者やそのご家族による介護従事者への暴力や暴言、セクシュアルハラスメント（以下、セクハラ）が存在し、それが原因で介護業界を去っていく人がいる、ということも隠れた事実である。

　NCCU は、アンケート調査や現場の組合員の声により、介護従事者に対するご利用者やそのご家族からのハラスメントが発生していることは以前から承知していたが、具体的な内容までは掌握していなかった。どうすればこのハラスメントをなくすことができるのか、調査を行って現場の実態を把握し対策を講じた方がよい、という問題意識は持っていたものの、対ご利用者の問題を調査することに踏み出せないでいたのである。

(2)「#MeToo」運動をきっかけに！

　そんな中、2017 年秋にアメリカで始まった「#MeToo」運動によって、世界的に「ハラスメント、虐待を容認しない」という風潮が沸き起こった。

　そして、日本でもこの社会的意識が高まりを見せてきたことを契機に、NCCU は介護従事者に対するご利用者とそのご家族からのハラスメントについてアンケート調査を実施することとなった。ただし、このアンケートの結果が現在の国の動きに直結するものだとは、この時点では思ってもいなかった。

(3) 介護現場からの叫び…ハラスメントの実態が明らかに！

2018年4月10日、NCCUは、介護現場で発生しているハラスメントの実態を把握、分析し、介護従事者が働きやすい労働環境を構築するという目的で、全組合員（調査時約78,000人）を対象に「ご利用者・ご家族からのハラスメントに関するアンケート」（以下、NCCUアンケート）調査を実施した。

調査方法は、4月10日発行のNCCU機関誌に調査票と返信封筒を同封する形をとった。初めての調査に、「どのくらい返信があるのだろうか」「ちゃんと書いてくれるだろうか」と、緊張しながら組合員からの返信を待った。

すると、機関誌が発行された直後からアンケートの回答が続々到着し、筆者は組合員の反応の速さに驚きを隠せなかった。

特に、ご利用者・ご家族からセクハラを受けた経験を持つ組合員からは、「助けてください！」「今後どこに助けを求めればいいのでしょう？」など、悲鳴ともいえる声が寄せられ、深刻な実態が次々と明らかになったのである。

アンケートの回答締切日は5月末としていたが、このような切迫した状況を一刻も早く改善していくため、まずは4月20日、1,054人の回答を取りまとめ速報値として「中間結果」をマスコミに公表し、6月21日に総計2,411人のデータを分析して最終報告を行った。

❸ 介護従事者の7割以上がハラスメントを経験

(1) 調査対象の属性

回答者の属性は、以下のとおりである。

回答者数：2,411人

性別：女性 87.4％、男性 12.2％

職種：訪問系介護員 43.6％

　　　有料老人ホームやグループホーム等の入所系介護員 18.7％

　　　ケアマネジャー 10.0％等

（2）ハラスメントを受けた経験は？

　最初に、ハラスメントを受けた経験の有無を尋ねたところ、何らかのハラスメントを「受けたことがある」との回答が74.2％となり、介護現場ではご利用者・ご家族からのハラスメントが常態的に存在することがわかった（図表1-1）。

図表 1-1　ハラスメントの有無

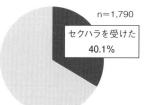

無回答 3.5%

ハラスメントは受けたことがない 22.2%

n=2,411

ハラスメントを受けたことがある 74.2%

　ハラスメントを受けたことがあると回答した方のうち、セクハラに該当する行為を、「受けたことがある」と回答した割合が40.1％。男女別にみると女性の32.6％、男性の10.2％と

図表 1-2　セクハラを受けたことがある割合と、その性別

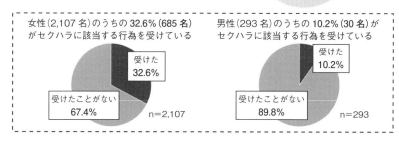

n=1,790

セクハラを受けた 40.1%

ハラスメントを受けたことがある方（1,790 名）のうち 40.1％（718 名　回答者全体の 29.8％）がセクハラに該当する行為を受けている

女性（2,107 名）のうちの 32.6％（685 名）がセクハラに該当する行為を受けている

受けた 32.6%

受けたことがない 67.4%

n=2,107

男性（293 名）のうちの 10.2％（30 名）がセクハラに該当する行為を受けている

受けた 10.2%

受けたことがない 89.8%

n=293

いう結果となった（図表1-2）。

　パワーハラスメント（身体的暴力・精神的暴力、以下、パワハラ）について は、ハラスメントを受けたことがあると回答した方のうち実に94.2%が「受けた ことがある」と回答した。性別でみると、女性が70.6%、男性が65.9%となってお り、男性の割合も高くなっている（図表1-3）。

図表 1-3　パワハラを受けたことがある割合と、その性別

ハラスメントを受けたことがある方（1,790名）のうち94.2%（1,687名　回答者全体の70.0%）がパワハラに該当する行為を受けている

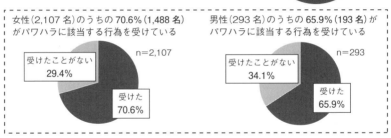

(3)　どのようなハラスメントに遭遇？

　では、どのようなセクハラ・パワハラに遭遇したのだろうか。

　セクハラの内容は、「サービス提供上、不必要に個人的な接触をはかる（体に触れてくる）」（53.5%）が最も多く、次いで「性的冗談を繰り返したり、しつこく言う」（52.6%）、「サービス提供中に胸や腰などをじっと見る」（26.7%）であった（図表1-4）。

　パワハラの内容は、「攻撃的態度で大声を出す」（61.4%）、が最も多く、次いで「他者を引き合いに出し強要する」（52.4%）、「サービス契約上受けていないサービスを要求する」（34.3%）であった（図表1-5）。

図表 1-4　セクハラの内容

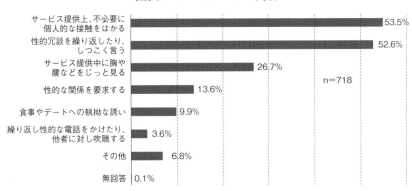

項目	割合
サービス提供上、不必要に個人的な接触をはかる	53.5%
性的冗談を繰り返したり、しつこく言う	52.6%
サービス提供中に胸や腰などをじっと見る	26.7%
性的な関係を要求する	13.6%
食事やデートへの執拗な誘い	9.9%
繰り返し性的な電話をかけたり、他者に対し吹聴する	3.6%
その他	6.8%
無回答	0.1%

n＝718

図表 1-5　パワハラの内容

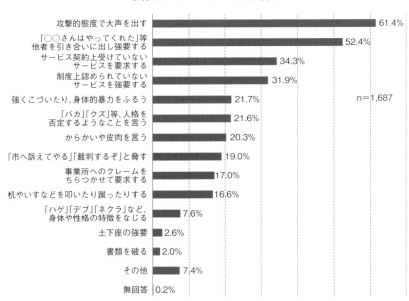

項目	割合
攻撃的態度で大声を出す	61.4%
「○○さんはやってくれた」等他者を引き合いに出し強要する	52.4%
サービス契約上受けていないサービスを要求する	34.3%
制度上認められていないサービスを強要する	31.9%
強くこづいたり、身体的暴力をふるう	21.7%
「バカ」「クズ」等、人格を否定するようなことを言う	21.6%
からかいや皮肉を言う	20.3%
「市へ訴えてやる」「裁判するぞ」と脅す	19.0%
事業所へのクレームをちらつかせて要求する	17.0%
机やいすなどを叩いたり蹴ったりする	16.6%
「ハゲ」「デブ」「ネクラ」など、身体や性格の特徴をなじる	7.6%
土下座の強要	2.6%
書類を破る	2.0%
その他	7.4%
無回答	0.2%

n＝1,687

❹ ハラスメントが介護従事者に与える影響…離職に発展することも

ハラスメントを受けたことがある人に対して、「ハラスメントから受

けた自身への影響」を設問したところ、「精神的にダメージを受けた」という介護従事者は91.3%にものぼり、「精神疾患になった」との回答も 2.5%という結果となった（図表1-6）。

　具体的な記述には、「胃が痛く、鬱になった」「ストレスが影響し救急車で病院へ運ばれた」「家に帰っても考えたり、話をするのが怖くなった」等とあることから、ハラスメントが介護従事者の心身をむしばんでいることが明白となった。また、「精神的に参ってしまっていたため、嫌がらせをする利用者宅に行くのを拒否した」というように、ご利用者へのサービスにも支障が出てしまうことがわかった。

　中には、「今でも思い出すだけで心のバランスが崩れる感じが残っていて、薬を服用している」というように、後遺症に苦しんでいる従事者もいる。「仕事を辞めたいと思った」「自信をなくし、仕事をするのが嫌になった」との回答もあり、「この状況が続くのであれば、1日でも早く退職したい」と考える介護従事者も存在する等、ご利用者やご家族からのハラスメントから離職に発展する可能性があることも見えてきた。

図表 1-6　ハラスメントから受けた自身への影響

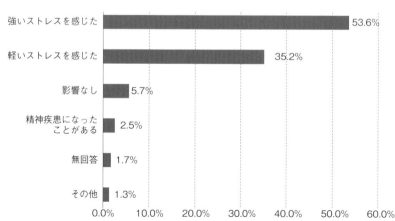

5　ハラスメントを受けるのも仕事のうち～介護業界の誤った認識～

(1) ハラスメントを相談した結果は？

　ハラスメントにあった時、誰かに相談した人は74.4％で、最初に相談した相手は上司（47.2％）や職場の同僚（40.9％）となった。まずは自分にとって身近な人に相談をしていることから、加害者のことを知っているという点でも相談しやすいのではないか、と推測される。しかし、相談した結果は「変わらない」が43.1％となっており、半数近くは解決に至っていない状況である（図表1-7～9）。

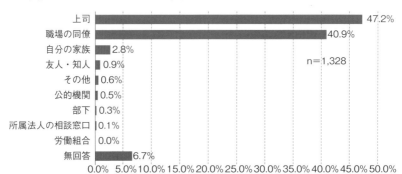

図表1-7　ハラスメントを相談したか

図表1-8　ハラスメントの相談先（「相談した」と回答した人の相談先）

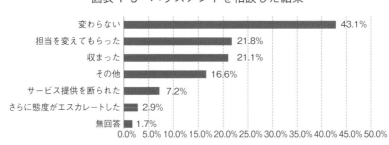

図表1-9　ハラスメントを相談した結果

(2) 相談しても解決しない…その理由とは？

　ハラスメントにあったことを誰にも相談しなかった人（23.5％）に、その理由を尋ねたところ、「相談しても解決しないと思ったから」が、40.3％と最も多かった（図表1-10）。

図表1-10　相談しなかった理由（複数回答）

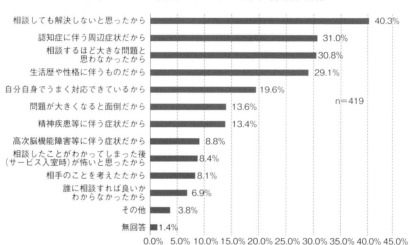

では、なぜ「相談しても解決しないと思った」のか。自由記述の内容から考えてみよう。

> **①介護職のイメージ**
> ・介護職は我慢するのが当然。力量不足と考えられてしまう
> ・プロの介護職はその程度のことは受け流すべき、と言われる
> ・利用者からのハラスメントは、専門職だからうまくかわす、辛抱するという風潮がある
> **②介護従事者自身の考え方**
> ・その程度のことは、自分でうまく対応すべきと考えていた

・みんなが「セクハラはよくある」と言っているし、あしらえなければならない、と思ったから
・ハラスメントを受けるのも業務のうち
③**事業所・管理者の対応、組織としての姿勢**
・上司に言っても対応してくれない。我慢してくれと言われた
・隙を作る自分が悪い、と言われた
・事業所はご利用者が大事。お客様至上主義

　このように、介護業界にはハラスメントを容認してしまう傾向があるとともに、「ハラスメントを受けていても上司に言ってはいけない」「ご利用者やご家族からのハラスメントはハラスメントと認識してはいけない」等の誤った認識が定着しているようだ。

　加えて、介護サービスは公的な保険制度なので、ご利用者と事業者は対等な立場で契約を結ぶが、実際にはご利用者は利用料を払う側、事業者は利用料を払われる側、となるので、そこにはご利用者とそのご家族の権利意識も発生する。そのような背景が、「金を払っているのだから、何でもやれ」という介護従事者に対する暴言を生んでいる。

　また、管理者等は事業所の利益を考える立場であるばかりに、ハラスメントの報告を受けたとしても「我慢してほしい」という言葉を発してしまうケースもあるようだ。さらに、介護業界は人材不足のため、経験年数が浅い、あるいは総合的なマネジメント能力が未熟な者でも管理職として登用せざるを得ない場合がある。そのため、ハラスメントが発生しても適切に対応できず、介護従事者に泣き寝入りをさせてしまっていることも考えられる。

⑥ 「病気だから仕方がない」最初から諦めている実態が明らかに

　ハラスメントにあっても相談しなかった理由で二番目に多いのは、「認知症に伴う周辺症状だから」（31.0％）であった。他にも、「精神疾患等に伴う症状だから」（13.4％）、「高次脳機能障害等に伴う症状だから」（8.8％）等、病気や障害だからということで相談しなかったケースが見受けられる（図表1-10）。

　自由記述からは「認知症なので仕方がない」「受け流すしかない」等、病気や障害を持つご利用者によるハラスメントには何の対策も講じていないようである。

　一方で、次のような声もある。

> ・認知症だから、病気だからと許されていたら働いている人間はもたないと思う。しかし、管理者等の知識不足により、話したところで解決にならない場合がある
>
> ・訪問する都度「何故、事前に電話しない？」と責められたり、笑顔で対応しようとすると「バカにして！」と怒鳴られたりした。上司に相談すると「認知症だから」とガマンを強いられる。このような行為をする利用者は断って欲しい。仕事を辞めたくなる
>
> ・排泄介助中「おまえの様な貧乏人は死ぬまで、人の汚物を拾って働くんだ」とか「私の貴重品を盗むな！」等、根拠のない暴言をはき続ける。精神疾患のご利用者と十分理解しているが、介護者に投げつけられる悪意、憎悪は、決して気持ちの良いものではない

　このように、病気や障害が原因のハラスメントに対しても何らかの対応を講じるべき、と考える介護従事者もいることがわかった。

❼ ハラスメントはなぜ起こるのか？

　ハラスメントの発生要因について設問したところ、「生活歴や性格に伴うもの」が最も多かった（51.0%）。一方で、「介護従事者はストレスのはけ口になりやすい」（49.4%）、「介護従事者の尊厳が低く見られている」（47.3%）といった介護従事者を軽視していることが要因であるとの回答も多くなっている（図表1-11）。

図表 1-11　ハラスメントが発生している原因（複数回答）

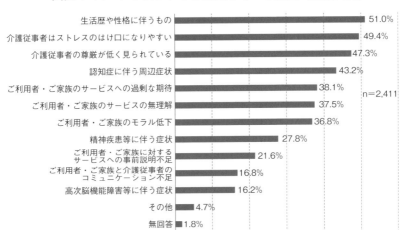

NCCU アンケートでは、具体的なハラスメント被害の内容が記述されている。どのような要因がどのようなハラスメントを引き起こしているのか、実際のハラスメントの内容から見てみることとする。[3]

(1) 環境面でのリスク要因から発生したハラスメント

①サービス提供時に身近にある物品

- 仕事中（ケア中）にわざと性的なビデオをつけている（訪問介護員）
- 氷を投げつけられた。テーブルをバンバン叩かれたり、杖で家具を叩いたり（訪問介護員）
- 酒、たばこの買い物をお断りすると、灰皿（ガラス）が飛んできた（訪問介護員）

②1対1の状況

- トイレ介助の際、体をなめられた（通所介護員）
- 入浴介助中に、80代の男性利用者に下半身（股間）をもっと丁寧に洗うよう要求された（訪問介護　サービス提供責任者ほか）
- 睡眠薬の服薬介助で訪問したところ、照明が消えている部屋で抱き付かれた（サービス付き高齢者住宅）

(2) ご利用者に関するリスク要因から発生したハラスメント

①生活歴に起因

- 利用者から関係を求められた。強く断ったが、その後も手をつないでくる、触るなどが続いた（訪問介護員）
- 利用者から、2万円をやるから援助交際しないか、と言われた（訪問介護員）
- 利用者の口調が強く、他の利用者にからみ、攻撃的になるので泣いてしまったり、口論になることも（小規模多機能型居宅介護介護員）

②病気又は障害に対する医療や介護等の適切な支援を受けていないことに起因

・アルコール依存症の傾向のある利用者が血圧測定中に突然抱き付き、押し倒された（訪問介護員）

・身体不自由な女性高齢者。責任者等の肩書のある人には素直だが、肩書のない私に対しては猜疑心と攻撃的態度、つねる、叩くなどの暴力（訪問介護員）

③提供サービスに対する理解度に起因

・計画書にないサービスや認められていないサービスを強要され、事情を説明し断ると激高され、大声でなじられた（訪問介護員）

・介護サービス以上のサービスをヘルパーに要求したため、ケアマネジャーとして説明をした時に、利用者に刃物を出され、これで「行政も黙らせた」と言われた（ケアマネジャー）

・おむつ交換をすることを伝えていたが、拒否され胸をわしづかみされたり、頬を平手打ちされた（訪問介護員）

(3) ご利用者のご家族等に関するリスク要因から発生したハラスメント

・利用者の息子に手を引っ張られ、寝室に連れ込まれて体中を触られる。逃げて退室した（訪問介護員）

・訪問介護で玄関のドアを開けた途端、利用者の夫が、先に訪問していたサービス提供責任者に「後ろを向け」と言い、おしりを触った（訪問介護員）

・利用者のご主人が、ズボンと下着を下ろした状態で室内を歩き「触って！」と強要するため拒否すると、腕をつかまれ胸を触られ

た（訪問介護　サービス提供責任者）

（4）サービス提供側（施設・事業所）のリスク要因から発生したハラスメント

- ・訪問時、アダルトビデオのDVDを再生していたりする。一緒にサービスに入っていた介護員の女性は退職した（会社は対応してくれなかったから）。その介護員は、移動支援中に携帯の番号を知られ、連日電話をかけられ、警察に相談までしていた（訪問介護員）
- ・寝ている男性利用者のオムツ交換と陰部洗浄をした時、近寄りすぎたのか胸を触られた（訪問介護員）
- ・ナースコール対応が少しでも遅れると、大声での罵声が続く（役立たず、バカじゃないの？、やめさせるわよ等）（有料老人ホーム介護員）

　以上のように、一言でハラスメントと言っても介護現場を取り巻く様々なリスクによって発生していることが明らかになった。

❽ 介護従事者が望むハラスメント対策

　では、介護従事者はどのような方法が自らをハラスメントから守るために有効だと思っているのだろうか。その結果は、「事業所内での情報共有」（60.8%）と「ご利用者・ご家族への啓発活動」（53.5%）が多くなっており、半数以上が有効だと回答している（図表1-12）。

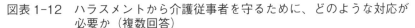

図表 1-12　ハラスメントから介護従事者を守るために、どのような対応が
必要か（複数回答）

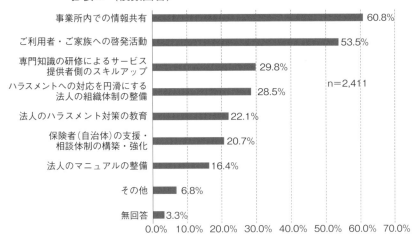

また、この設問について具体的に記述された内容を見ると、大きく 4
つに分けることができた。

①国・行政に対して望むこと…国を挙げて、介護従事者の人権対策を！

・国がサービス提供拒否のマニュアルを作成してほしい。介護保険
　は利用者を保護しているのであれば、国は介護従事者を保護する
　よう法律で守ってほしい

・利用料金が安く設定されているために介護従事者を地位の低いも
　ののように簡単に扱っているのであれば、介護保険料を引き上げ
　てほしい

・法律を整備して罰則を強化してほしい

②事業者に対して望むこと…介護従事者の尊厳を保持するよう対策を！

・ハラスメントを受けたら、事業者側から断る。なぜ、こちらがこ
　んなに我慢しなくてはいけないのかわからない

> ・管理職、上長の教育をしっかりやってほしい
>
> ・複数名での訪問（2人体制、男性）、そのための法整備（国）
>
> **③社会に対して望むこと…業界内だけではなく、社会全体で問題提起を！**
>
> ・もっとメディアへ実情を知らせる。世の中への発信
>
> ・メディアによる啓発
>
> ・学校教育で介護を体験させる
>
> **④介護従事者自身に対して望むこと…リスク管理による自己防衛を！**
>
> ・一人で抱え込まない
>
> ・コミュニケーション能力を高める
>
> ・サービス提供者の心得などの学習

❾ ついに国が動いた！ ご利用者・ご家族からのハラスメント対策が始動

（1）厚生労働省へハラスメントの実態を訴える

　このように、現場から届けられた介護従事者たちのハラスメントに対する声は筆者の予想を遥かに上回り、中には「犯罪ではないか」と思われる行為が存在することがわかった。

　「何とかしなければ……このままでは介護現場で働く人がいなくなってしまう」

　今回のアンケート調査によって、ご利用者やご家族からの介護従事者に対するハラスメントの存在を、データとして示すことができた。

　2018年8月9日、NCCUはアンケート結果をもとに、厚生労働大臣に対し5項目から成る「ご利用者・ご家族からのハラスメント防止に関する要請書」を提出し、国としての対応強化と防止策の策定等を訴えた。要請項目は以下のとおり。

① ご利用者とそのご家族への周知啓発

② 介護従事者を守るための法整備

③ 地域ケア会議の有効活用とハラスメントに対する自治体の対応強化

④ 訪問介護サービスにおける２人体制時の利用者負担に対する補助

⑤ 家族介護者に対する支援の強化

(2) 国のハラスメント対策がスタート…介護保険法にも影響

　2018年12月、厚生労働省は平成30年度厚生労働省老人保健健康増進等事業において「介護現場におけるハラスメントに関する調査研究委員会」を立ち上げ、事業者向けのハラスメント対策マニュアルを作成することとなった。NCCUもメンバーの一員として名を連ね、委員として筆者が参画することになった。

　その結果、2019年4月10日、厚生労働省老健局振興課（現、認知症施策・地域介護推進課）から各都道府県等の介護保険担当主管課にあてて「事務連絡」が発出された。同調査研究事業において作成された「介護現場におけるハラスメント対策マニュアル」[4]の周知とハラスメント対策の推進を図るためであった。

　その後も、2020年4月には「研修の手引き」[5]、2021年4月には「介護現場におけるハラスメント事例集」が相次いで作成された[6]。

　さらに、2021年4月の介護報酬改定において、介護保険法運営基準の中で、すべての介護サービス事業者に適切なハラスメント対策を講じることが義務化されたのである[7]。

　こうして、国によるご利用者・ご家族からのハラスメント対策が加速度的に図られ、今後も継続して推進されていくこととなったのである。

⑩ 介護従事者の離職をなくすために

　介護従事者の離職のきっかけにもなっているご利用者・ご家族からのハラスメントは、ご利用者自身の継続的で円滑な介護サービスの受給にも支障をきたすことになる。

　なぜなら、冒頭に記したとおり、介護人材の不足に解消の目途が立っておらず、このままでは「介護難民」の増加とともに、介護保険制度の崩壊にも繋がりかねないからである。

　介護現場で働く人たちは、ご利用者やそのご家族からの「ありがとう」という言葉やその笑顔を見たときに、「介護をやっていてよかった」と、やりがいを感じる。また、「ご利用者の身体的、精神的な支えになれることが介護の魅力だ」と多くが答える。

　介護従事者は、常に高齢者の尊厳を支えることを第一に考えながら日々のケアを行っている。そして、人生の大先輩であるご利用者のこれからの人生に寄り添っていくことも、介護の専門職である介護従事者の役目である。

　両者がお互いをリスペクトする。それがハラスメントをなくす最良の方策ではないだろうか。

注

1）厚生労働省「一般職業紹介状況（職業安定業務統計）」令和 4 年 7 月（2022 年 8 月 30 日公開）

2）公益財団法人　介護労働安定センター「令和 2 年度介護労働者の就業実態と就業意識調査」

3）厚生労働省「介護現場におけるハラスメント対策マニュアル」（令和 4（2022）年 3 月改訂）

https://www.mhlw.go.jp/content/12305000/000947524.pdf

4）3）と同じ。

5）厚生労働省「管理者向け研修のための手引き」

https://www.mhlw.go.jp/content/12305000/000947394.pdf

厚生労働省「職員向け研修のための手引き」

https://www.mhlw.go.jp/content/12305000/000947395.pdf

6）厚生労働省「介護現場におけるハラスメント事例集」（令和 3 年 3 月）

https://www.mhlw.go.jp/content/12305000/000947332.pdf

7）厚生労働省　社会保障審議会介護給付費分科会第 198 回令和 3 年 1 月 13 日

「指定居宅サービス等の事業の人員、設備及び運営に関する基準等の改正の主な内容について」

https://www.mhlw.go.jp/content/12300000/000718910.pdf

第2章

セクハラと法律
〜弁護士の視点から見た介護現場〜

① セクハラとは？

「セクハラ」とは、相手の意に反する性的言動によって、働く上での不利益を与えたり、就業環境を妨げることを言う。「相手の意に反する性的言動」とは、簡単に言うと、相手にとって性的に不快な「言動」である。体に触ることはもちろん、性的な言葉を投げかけたり、性経験について尋ねたり、あるいはしつこく誘うこともセクハラにあたる。一般的には男性から女性への行為がイメージされるが、もちろん女性から男性に、あるいは同性から同性への言動も相手に性的な不快感を与えるものであれば同じなのは言うまでもない。

② セクハラを生み出すもの

一般的にセクハラ事件では、加害者が「相手が嫌がっている」ということを認識していない場合が多いが、セクハラが成立するかしないかについて加害者の認識は重要な問題ではない。成立の重要なポイントは被害者がその言動を不快に思うかどうか、である。多くの場合、セクハラについてはこの点が大きく誤解されているように思う。

ほとんどの場合でセクハラは加害者と被害者との間に継続的な人間関係が存在していて発生する。上司と部下、指導者と生徒、顧客とサービス提供者、簡単に言えば「今日限りでさようなら」ができない人間関係

がすでに存在している。そうであるがゆえに被害者が明確に不快感をあらわにすることを躊躇し、同時に加害者が「相手は嫌がっていない」とゆがんだ認識を持つことになる。初対面の相手にいきなり性的な話題を向けるのは下品な無礼者、いきなり体を触れば痴漢であることは言うまでもない。それなのに継続的な人間関係があることで、それが容易に許されてしまうと加害者が勘違いしてしまう、それが、セクハラ発生の背景にある。

　継続的な人間関係があろうとも、相手が嫌がることは言ってもしてもいけないことは、我が国が法治国家である限り、民法上も刑法上も当たり前のルール。加害者の手前勝手な解釈で変更されるものではない。

　加害者に認知のゆがみがあるということは、被害者が不快感をあらわにすることを躊躇している間は、侵害行為が自然にやむことはまずありえない。それどころかほぼ間違いなくエスカレートする。加害者は許されることだと思っているので、侵害行為をやめさせるには何らかの方法で、不快だということをはっきりさせる必要がある。そしてセクハラが起こりうる現場では侵害行為があったときに不快だということを通知する簡単な手段を設けておく必要がある。また、可能であれば、被害者と加害者の継続的関係性を強制的に時々変更すること、すなわち定期的に担当を変更することがとても有効だと思われる。

❸　体を触られないのは権利

　セクハラの最たるものは体を触るという直接的な行為である。ここで法律家としてまず断言しておかなければならないことがある。それは、すべての人には、自分の体を触らせない権利があるということである。そしてその権利は刑法がわざわざ強制わいせつ罪（刑法176条）を規定

し、保護しているほど重要な権利なのだ。この点において痴漢とセクハラとに違いはない。殴る蹴るという立派な犯罪行為（暴行罪 刑法208条）に「いじめ」という名札をつけるとまるで犯罪でないかのような誤解を与えるのと同じではないかと思うが、「セクハラ」というと犯罪とは無関係であるかのように誤解されては困る。意に反して直接体を触るという行為は痴漢と同じ、犯罪であることにかわりない。刑法犯に該当しない程度であっても地域の条例違反（立派な犯罪）に該当する場合がある。すなわち、自らが許容しない体を故意に触られるということは、犯罪と評価しうる侵害行為を受けているという認識を持っていただきたい。そしてたとえ職務の最中でも職業上でも許容しなければならない理由はない。

わかりやすい例として、まず直接的な接触行為をあげたが、もちろん性的な言葉を投げかける行為もセクハラであり、少なくとも民法上の不法行為（民法709条）には該当し、慰謝料の対象になる。すわわち、自らが許容しない性的な言葉を投げかけられることも法は許容していない。

④ 介護現場でのセクハラ

介護現場は、利用者と介護者との間で継続的人間関係があり、しかも仕事の性質上利用者との接触が避けられないから、もともとセクハラが起こりやすい場所と言える。ここではセクハラのうちでも一番重い身体的接触を伴うセクハラをイメージして説明する。

(1) セクハラの発生に介護者のスキルは関係がないこと

セクハラにおいて、加害者は被害者を選定している。加害者が選ぶのは、触りやすい人、若い人、文句を言わない人、立場上文句を言えない

人である。認知症だからと言って無差別に若い男性を触る高齢男性はおそらくいないはずである。つまり、意図に基づく任意の行動である。加害者が認知症の患者であっても、その行為については的確な判断と十分な行動制御能力を持って加害行為を行っている。故意の侵害行為なのである。夜間に発生する強制わいせつ事件の多くは、泥酔した痴漢によるものだが、だからと言って彼らが「酔って覚えていない」ことを理由に罪を免れることは絶対にない。彼らもまた行為当時には被害者を選んでいるから責任能力を否定されることはないのだ。後述するが、この点については彼らに直接的又は間接的な責任を負わせることが可能であり、本来は負わせるべきなのだ。

　そもそも法律が予定している介護とは、身体的あるいは精神上の障害により日常生活を営むことに支障のある人に対し、日常生活の動作、社会活動の援助などを行うことをいう（社会福祉士及び介護福祉法2条参照）。すなわち、介護スキルとはこうした活動の専門性を指すのであり、被介護者からの意図的な侵害行為を避ける技能が含まれないことは当然である。もしかすると介護現場の方からは違和感を持たれるかもしれない。それでは身体的接触をある程度伴う他の職種に当てはめるとわかりやすいかもしれない。例えば、美容師さんが顧客からセクハラにあったとしたらそれはその美容師としてのスキルが低いからだろうか。内科の専門医がセクハラにあったらそれはその内科医の内科医としてのスキルが低いからだろうか。上記の職業上のスキルにセクハラを避ける、というものが含まれるのは不合理ではないだろうか。弁護士がセクハラにあったら、間違いなく法律上の紛争に突入である。

　いかがだろうか。侵害行為を避けること、というのが職業上のスキルとされるのは非常に不条理だということがおわかりいただけただろうか。もし、それでも介護スキルの問題と断言される事業所があるのなら、

求人票に明確に記載していただきたい。「当事業所で要求される介護ス
キルには被介護者から体を触られたり卑猥な言葉をかけられてもそれを
躱（かわ）す能力が含まれています」と。もしかすると屈強な若者が殺到するか
もしれない。

(2) 誰がセクハラ被害の責任を負うのか？

　介護スキルの問題と誤認される大きな原因として、被介護者は侵害行
為の責任を負えないという誤解があるのではと推測する。しかし法的に
は被害者に対しての責任を負う主体がないわけではない。

　まず、事業者が従業員に対して負う安全配慮義務がある。事業者は、
その従業員が安全に職務を遂行できるようその環境を整える義務を負っ
ており、従業員が職務を遂行する際に何ら損害を被ることがないよう安
全に配慮する契約上の義務を課されている。その中には当然、被介護者
から被害を受けないように配慮する義務が含まれる。例えば介護者から
被害にあった報告を受けた際に再度の被害を防止したり、被害状況をき
ちんと聞き取り、受けた被害に対する対処と再度、被害を受けないよう
にする対処が求められる。怠れば債務不履行責任が発生し、損害賠償責
任を負う。

　また、被介護者本人若しくは被介護者の家族にも民法上の責任が発生
する。事業所との介護契約には、当然に介護者への安全配慮義務が含ま
れている。家族にも被害が発生しないようにする責任があるということ
だ。そのため、介護者が被介護者から何らかの損害を被った場合には損
害賠償請求の対象となりうる。もちろん被介護者の家族自身がセクハラ
行為を行った場合は当然に損害賠償請求の対象となる。端的に言うと、
セクハラの当事者は単に介護者と被介護者だけではない。事業所、家族
など法律上の関係者がおり、ここに民法上の責任が発生する。

　実際に行使するかどうかはともかくとして、事業者が契約に際し、損害賠償請求を厳粛に行うという態度を示すことも、抑止力として有効な場合がある。具体的には契約書に「介護者が職務遂行にあたり損害を被った場合に損害賠償を請求することがある」という規定を入れるなどだ。民法上当然の義務なので入れなくても損害賠償請求権はあるが、この規定をきちんと入れておき契約時に説明することで、家族に認識させることも重要である。特に家族から介護者へのセクハラ防止には有効である。

(3) 提供するサービスの線引き

　仕事熱心な介護者は、少しでも被介護者の期待に応えたいと思われることだろう。「もう一手間」という心遣いや「一歩踏み込んだ」親切がサービス業においては大きな効果を上げることも、事実ではある。「それ、仕事に入っていますか」という線引きが難しくなることもサービス業の特徴である。弁護士だって同じなのでよくわかる。例えば離婚事件に、相手方とのクリスマスプレゼントのやりとりの交渉を含むのか、など、どこまでが職務なのか、経験値を積めば積むほどその線引きが難しいと感じる。

　しかし残念なことに、サービス業においては、仕事熱心さがサービスを受ける側から勘違いを生む要因になってしまうことも事実である。だから、介護現場でのセクハラ被害を防ぐためにはその線引きを時々チェックする必要があるのではと思う。

　介護の現場では、単独で職務にあたる弁護士と違って事業所や病院など前述の法律上の関係者が必ずいる。個々の介護者が一人で抱え込まず、担当しているケースについて情報交換をできるようにすることも有効ではないかと思う。必ずしもミーティングをする必要はない。共通の

データベースを活用するといった方法で実現は可能であり容易である。

(4) 被害は被害

　以上、累々と述べてきたが、弁護士から見たセクハラ被害と介護現場でのセクハラ被害の実態とにはもしかしたら大きな乖離があるかもしれない。「それ、現実的でないよ」と思われる方もいらっしゃるだろうなと思う。しかし、法律家としては、できるだけ法に則って介護者の皆さんを守る仕組みを整備できたらと考えている。被害は被害。ならぬものはならぬのだ。介護の現場だけ法の支配が及ばないということはあってはならないのである。

　自分自身がわからなくなっているほどの酔っ払いの痴漢も逮捕されれば重大な責任を負う。金額にすると数十万～数百万。そのこととパラレルに論ずるのは場違いかもしれないが、被介護者のしたことに誰も何の責任も負わないことはないのである。介護の現場は民法上の契約関係の上に成り立っている。そのため少なくとも事業所と介護者、事業所と被介護者（もしくはその家族）、介護者と被介護者、という法律上の関係それぞれに、互いに損害を与えないという契約上の責任が発生している。

　被害が発生すればそのどこかに責任がある。それこそが介護者を守る砦となることを当事者の皆さんに理解いただけると嬉しい。

(5) 予防策としてのデータベース

　筆者は弁護士なので、被害発生というと責任の所在を探しすぐに金銭的に換算する容赦ない悪癖があるが、本当に必要なのは、防げる被害は防ぐということ、私たち弁護士が出る幕がないことが本当は一番よいのである。そのためには、被害のデータベースをそれぞれの事業所できちんと作って把握すること、その対処を時々検討することができればと思

う。また、私たち法律家にも遠慮なく相談していただきたい。これが法的にはどのような問題と映るのか、弁護士の意見も何かの参考になるのではないかと思う。

❺ 介護現場からセクハラをなくすために

　継続的人間関係があり、身体的接触が不可避である以上、介護現場からセクハラをなくすことはできない。それは「学校からいじめをなくしましょう」というのと同じくらい、人間の本質を無視した薄っぺらい机上の空論。人が人である限り、学校からいじめがなくなることはなく、介護現場からセクハラの危険がなくなることもない。歳を取っても異性に触りたいという欲求は出てくる、しかしそれは違法であり、法でその被害回復ができるというだけである。

　職場には、職員に対する安全配慮義務があり、職員は何人からも体を触られないという権利がある。セクハラが起こることを前提としてその予防方法を講じ、それでも発生したら事後的救済をきちんと行う。法律上はこれが当たり前。法治国家日本で、介護の現場だけ、この当然の法理が通用しないということはあろうはずはない。そうでなければ介護の現場に優秀で心優しい技能者は集まらなくなってしまう。ひいては、国民の皆さんや皆さんの大切なご家族がすばらしい介護を受けられなくなってしまう。それでよいのだろうか。

　高度に高齢化した現代の日本では、円満な死に方である限り、どなたもがいずれは誰かの手を借りて生きて行かざるをえなくなる。筆者だってそう。だから、介護者が法律に守られていると安心し、誇りをもって仕事することができるようになってほしい、そのために介護者を保護するための法律上の仕組みを最大限利用してほしい、と願っている。

第3章 セクハラの発生原因
～介護現場でなぜ起こるのか？～

① 「セクハラ」という言葉の定義

(1) 西船橋事件支援運動

　セクハラという概念が登場したのは、1980年代終わりと言われている（牟田2001、角田2013）。法学者の角田由紀子によると、初めてこの言葉が「日本の女性たちの間で闘いの武器として使われた」（角田2013、173頁）のは、1986年に起きた西船橋事件の支援運動の時だった。

　この事件は総武線西船橋駅で起きた事件で、酔っ払った男性が女性に絡んでもみ合いになり、男性を突き飛ばしたところ男性はホームに入ってきた電車にひかれて死亡したというものである。女性の方は当初傷害致死罪で起訴されたが、その後裁判で無罪となった。

　この事件の被告となった女性を支援する団体が「セクシュアルハラスメント」という言葉を使ったことが、この言葉が社会に浸透していく一つの契機となった、とされている（角田2013）。

　その後、1997年に男女雇用機会均等法でセクハラに関する規定が設けられた。厚生労働省がネット上で公開しているセクハラに関するハンドブックによると、「性的な言動の例」として挙げられているのは、「性的な内容の発言」として「性的な事実関係を尋ねること、性的な内容の情報（噂）を流布すること、性的な冗談やからかい、食事やデートへの執拗な誘い、個人的な性的体験談を話すこと」などであり、「性的な行動」として「性的な関係を強要すること、必要なく身体へ接触すること、わ

いせつ図画を配布・掲示すること、強制わいせつ行為」などである。以上のことを見ても、現在はその内容が非常に具体化していることがわかる。

(2)「意に反する」「不快」「性的な言動」がキーワード

では、他の領域ではどのように定義づけられているのだろうか。例えば角田由紀子は、「現在、もっとも広い定義として一般的に了解されている」のは「相手の意に反する性的に不快な言動」（角田2013、174〜175頁）であるとしている。

また、社会学者の牟田和恵は、「一般にセクハラは、「他の者を不快にさせる職場における性的な言動」「望まない性的働きかけ」「不快な労働環境をつくりだすもの」などと定義される」（牟田2001、12頁）としている。両者ともに、「意に反する」「不快」「性的な言動」といった言葉が共通しており、これらはセクハラのキーワードと考えられる。この中で、福祉現場で課題になることと考えられるのは「意に反する」であると考える。

(3)「断る」ことができればセクハラではない

もちろん、現場の職員は利用者に性的な意図を持ってはならないことは共通理解としてある。高齢者虐待防止法にも障害者虐待防止法にも虐待の種類の一つとして「性的虐待」があり、福祉施設従事者は「わいせつな行為をすること」も「わいせつな行為をさせること」も禁じられている。ここでは同意の有無に言及はない。ということは、同意の有無に関わらず「わいせつな行為」自体が禁じられていると理解して良いだろう。だからといって、要介護者の性的な言動をすべて介護職の「意に反している」とし、セクハラと考えていいのだろうか。

　筆者は、そこには考慮しなければいけない余地があるように思う。牟田は、セクハラについて「『不快』には物理的・絶対的な基準があるわけではない」し、「『望まない』かどうかも、個々人によって違いがある」ため、「性的な関心を持ったり、誘いかけをしたりすること自体がそのまま、セクハラにあたるわけではな」く、「発言された言葉や行動が相手に望まれないものであったとしても、受けた側が何の危惧もなく断ることができて意思に反した無理強いがなされないのならば、セクハラにはならない」（以上牟田 2001、12 〜 14 頁）としている。

　つまり、要介護者からの自分に向けられた性的な言動を、どのような危惧もなく「断る」ことができたら、それはセクハラに当たらないということになる。

（4）支援者と要介護者の「両者の合意」を重視して

　筆者は、以前『福祉は「性」とどう向き合うか−障害者・高齢者の恋愛・結婚』（ミネルヴァ書房、2018 年）にて、性的対象として見られる支援者について、取材を元に執筆を行った。その中では、セクハラの定義を「「両者の合意」を確認しないまま一方的に行われる性的な言動」（武子 2018、103 頁）とした。では、なぜ筆者が「両者の合意」としたか。それは、職場全体として対応していくことの必要性を伝えたかったとともに、先述したように、介護者側が拒否の意思を表出する必要性を伝えたかったからである。

　そして、同時にもうひとつ、支援者側に要介護者の性的な言動を否定しない余地を持たせたかったから、という理由もある。実際、そこで聞かされたエピソードには、支援者の割り切れない思いがあった。

　セクハラをしてきた加害者だからその後のことは知らない、拒否しておしまいにする、そうは言えない職業倫理との狭間で心の整理をしよう

としている支援者の姿があった。そこで本章では、セクハラはなぜ起こるのかということを、支援者側に視点を置く形で、支援者側の拒否の意思の表出及び要介護者の性的言動を否定しない余地を軸にして、考えてみたい。

❷　セクハラの発生率は 3 〜 4 割

(1)　川崎市訪問介護事業所調査—45.7% の女性訪問介護員がセクハラを受ける

　本論に入る前に、現場ではどのくらいセクハラが起きているかを見ておきたい。

　荒木乳根子（2010）が 2008 年に川崎市の訪問介護事業所 292 箇所の女性訪問介護員を対象とした調査によると、435 名中 199 名（45.7%）が「性的働きかけ」を受けた経験を有していた。「性的働きかけ」の内容として最も多いものは「体について品評した、性体験を聞いた、性的からかいの言葉をかけたなど」（34.8%）、次に多いものは「介助の際に必要以上に体を接触してきた」（30.0%）であった。

　次いで「自分の性体験や卑猥な内容の話を聞かせた」（24.4%）、「体をじろじろ見た」（24.0%）と続く。多くはないが、「好意を告白した、ラブレターを渡した、デイトに誘ったなど」（16.0%）もあった。

(2)　NCCU アンケート—29.8% の介護従事者がセクハラを受ける

　次に、第 1 章でも触れた、2018 年に NCCU が行った NCCU アンケートの結果を見る。

　回答者数は 2,411 名（女性 87.4%、男性 12.2%）で、そのうちセクハ

ラに該当する行為を受けたことがあると回答した割合は 29.8% である。うち女性は 32.6%、男性が 10.2% で、女性の方が多いことがわかる。内容については、「サービス提供上、不必要に個人的な接触をはかる」（53.5%）、「性的冗談を繰り返したり、しつこく言う」（52.6%）、「サービス提供中に胸や腰などをじっと見る」（26.7%）の順に多い（第1章5〜7頁参照）。

　どちらの調査も、不必要な身体接触、度がすぎる悪ふざけの一環としての性的言葉かけ、女性性や男性性を象徴する身体の部位への直接的な視線が上位を占めていることが共通点と言える。しかし…と筆者は思う。それらすべてが「セクハラ」で、なくすべきものとしてしまっていいのだろうか。

③ ケーススタディ —筆者の苦い経験から

(1) すべての性的表現を抑止してしまう？

　セクハラはハラスメントのひとつで、なくさなければいけないものである。セクハラがきっかけで辞めてしまう支援者もいる。人手不足のこの業界の、貴重な働き手である支援者を辞めさせてはいけない。そのことは切に思う。しかし、要介護者の性的な表現のすべてがセクハラになってしまうと、要介護者から支援者に向けられたすべての性的表現が抑止されてしまうのではないかということを筆者は危惧している。

(2) 「セックスってどうやるの？」

　ここでひとつ、ケーススタディを提示したい。筆者も障害者分野の支援者として、利用者の性的な表現を経験したことがある。その当時の利用者の1人から「セックスってどうやるの？家まで来て教えてよ。」と

いう主旨のことを言われた。そう言われた筆者は、最初に焦り、その後
狼狽え、そしてその言葉を遮った。落ち着いて考えれば、それは本当に
言葉どおり、セックスの仕方が知りたかっただけなのかもしれない。

　しかし、少しも心の準備をしていなかった筆者にはその言葉は衝撃が
大きすぎ、冷静さを失っていた。この時、筆者が拒否したことを彼は感
じ取り、二度とそのことは言わなかった。この時の筆者の状態は、牟田
のいう「受けた側が何の危惧もなく断ることができて意思に反した無理
強いがなされな」（牟田2001、14頁）かった状態なので、彼の行動は「セ
クハラ」にはならなかったのである。

　だがそれで良かったのかと、今でも反省することがある。筆者は彼の、
性情報を知りたいという真っ当なニーズを拒否しただけということにな
るのではないだろうか。狼狽えた筆者は、彼の言葉の先を聞こうともし
なかったし、意図を考えようともしなかった。この時にすべきだったこ
とは、拒否でなかったことはもちろん、「かわす」でも「受け流す」で
もなく、「正面切って向き合う」ではなかったか。この時の筆者は、狼
狽えて思考停止するのではなく、丁寧に利用者の気持ちを聞き取るべき
だったのだ。

(3)「引っ掛かり」を大事にする支援者という職種だからこそ

　自分が全く性的な興味関心を持っていない相手からの、自分に向けら
れた性的表現は、多くが不快である。それが利用者であればその不快感
はいたたまれなさと相まって増幅する。断るのが苦手な人が持ちがちな
「このニーズは受け止められない」という罪悪感だったり、支援者とし
て誠実に対応していたことが「性的な興味関心」になって返ってきてし
まうやるせなさだったり、支援関係がうまくいかなくなるのかもしれな
いという不安だったり、周囲にどう伝えればいいのか、どう対応すれば

いいのかわからないという困惑だったり、様々な思いがあるだろう。

しかし、「セクハラ」は、セクハラだから徹底的に抑止していくというキッパリとした気持ちになれない支援者もいるのではないだろうか。なぜならば、不穏な行動、いつもと違う行動が起きた場合、「この行動の裏には何かあるのではないか」と思うように、その引っ掛かりを大事にするように教育されているのが私たち支援者だからである。では、セクハラはなぜ起きるのだろうか。

④ ハラスメントはなぜ起こるのか?

(1) ハラスメントの原因

セクハラはなぜ起きるのかを論じる前に、介護現場においてハラスメントはなぜ起きるのかについて簡単に述べておきたい。

支援者への暴力・ハラスメントについては、副田・菅野（2022）の著書に詳しい指摘がある。副田・菅野は、文献をもとに、支援者への暴力・ハラスメントの発生要因について、大きく2つあることを指摘している。一つは介護業界における慢性的な人材不足であり、もう一つは介護保険法施行に伴い生じている消費者優位の意識及び日本社会全体にある男性優位意識である。

人材不足については、現場の人員が足りないことで慌ただしく対応することになり要介護者を不穏な状態にさせてしまったり、職員間でのコミュニケーションが不足することがハラスメントにつながるとしている。

また、消費者優位の意識については、消費者優位の意識があることで要介護者側はクレームを言いやすくなっている一方、ヘルパー側は聞き入れざるを得なくなったと分析する。

そして男性優位の意識については、まさにセクハラに強く関連してお

り、ヘルパーのほとんどが女性であることもあり、「「ちょっとした」性的言動を行なっても、サービスの対象であり、サービス料を支払っている自分が、ヘルパーに反撃されることはないと思っている節がある」（副田・菅野 2022、75頁）と指摘している。そしてこれらは相互に関連し合っていると副田・菅野は分析する。

（2）セクハラはなぜ起きるのか

　次にセクハラに焦点を当てた原因を見てみたい。注意して書いておきたいのは、高齢者の性に関する文献では、要介護者から支援者に向けられた性的表現を、最初から「セクハラ」として位置づけて原因を探る形では書かれていないということである。「セクハラ」としてではなく、高齢者の性の問題の一つとして女性職員に対する男性利用者からの性的言動が挙げられており、それらへの対応をどうするかという視点で解説がなされている。

　その理由として考えられるのは、「セクハラ」にしてしまうことで見えなくなってしまうものがあるためと考えられる。例えば荒木は、「認知症ではない高齢者の場合でも、安易にセクハラと呼ぶことに危惧を感じ」（荒木 2008、34頁）と述べており、その行動の背後にあるものを分析する必要性を訴えている。ケーススタディを通して述べたように、筆者も荒木の立場と基本的に同じ立場をとる。

　その上で、女性職員への男性利用者からの性的言動についてどのように解説されているかを見てみたい。荒木は、女性職員に対する男性利用者からの性的言動について、その前提として2つ挙げている。一つは、男性利用者は「かつて母が、妻がしてくれていたようなお世話を受け」るため、ついつい甘えてしまうというように「介護は性的行動を誘発しやすい仕事」であることである。

　また、もう一つは「認知症による誤認」で、これは例えば認知症により「介護者を妻と誤認する」（以上、荒木2008、36頁）こととしている。

(3) 認知症による影響 —気質的なものと環境的なもの—

　この「認知症による誤認」と関連することとして、認知症による不適切な性行動の増加を指摘する論者もいる。尹嘉鉉は、認知症になる以前に持っていた性的関心が認知症悪化に伴って深化したり心的状況が劇的に変化したことなどの「精神科的および心理的な要因」、介護を受けることによる性的な刺激がない生活や慣れない環境の中で性的な欲求が募って正しい判断ができなくなったり、異性の介護者との関係を誤って認識する「社会的または環境上の要因」、薬物の影響により性欲の亢進を促す「神経学的な要因」の3つから、不適切な性行動の増加が起こり得ることを述べている（以上、尹2011、445-446頁）。

　荒木、尹ともに共通するのは、要介護者側の性行動に認知症としての影響が少なからずあることへの指摘である。しかもこの認知症の影響は、ご本人の気質的なものだけでなく、介護を受けることによる環境の変化が含まれていることも見逃してはならない。

(4) 要介護者のセクハラの背後にある孤独感や不安感 —文脈を辿って—

　例えば荒木は、性行動の裏側にある意図として「孤独感や不安、疎外感が何かしら手ごたえのある、人との触れ合いを求めさせる場合が多いように思います」（荒木2008、36頁）と述べている。ここが一般のセクハラとは違う点で、一般のセクハラ加害者には、要介護者が感じているような疎外感や不安感はない。

　自分の方を向いて欲しい、相手をしてほしい…要介護者のできること

が少しずつ減っていき、これまであった社会や家庭での裁量権を失うような感覚の中で、誰でもいいから自分と一対一で向き合って欲しいと要介護者が考えるのは当然なのではないだろうか。

　まして、セクハラ概念が日本に登場した1980年代終わりは、現在の高齢者施設の利用者はすでに40～50代後半に差し掛かっていたはずであり、若い頃のまま異性の年下の子との軽いコミュニケーションのつもりで性的な冗談を言っている、という利用者もあろう。それも「話したい」「相手をしてほしい」というニーズの現れだったとは考えられないだろうか。

　すべてのケースがそうとは思わないし、むしろ多くはないのかもしれないが、文脈を辿ってみれば背後にそのような孤独感があったというケースもあろう。このような時に、支援者がそれを即座に「セクハラ」と捉えて抑止するということではなく、背景を探ることへの余地を残したい。

❺　介護者個人の抱える経験

（1）性的表現に対する抵抗感、拒否感の個人差
　　　—やはり性的表現は抑止されるべき？

　とはいうものの、筆者もすべての支援者に要介護者からの不快な性的言動に耐えて背景を分析し、支援に繋げるべきと考えているわけではない。性的表現に対する抵抗感、拒否感の大小は個人的な経験に左右されるところが大きい。支援者が受けるセクハラ被害について自身も支援者として働くライターの白崎朝子は、「性暴力は、特にDVや性暴力被害を受けた女性にとってはダメージが強いため、人によっては言葉や視線だけでも破壊力がある」（白崎2020、116頁）と述べる。

　また、白崎は取材したヘルパーが対応策として「過去の被害でトラウマが癒されていないヘルパーは、不利益な労働条件にならないことを前提に、異性介助から外す」ことを提案したことを報告している（白崎2020、120頁）。しかしながら自分に性的なトラウマがあることを職場に伝えるのも苦しい。であるならば、性的なトラウマ体験があるヘルパーが潜在的にいる前提で、やはり要介護者が支援者に向ける性的表現はすべて抑止されるべきなのだろうか。

(2) 互いに「降りる」「離れる」「止める」自由がある関係性にセクハラは生まれない

　筆者はそうは思わない。抑止されるべきか否かに関しては、同じく白崎から示唆を得た。白崎はセクハラについての章で、「追記」として、「下ネタ」を言う元ホームレスの男性利用者に対しては嫌悪感を持たないことを述べている。白崎はその理由として、「私の身体には決して言及しないからかもしれない」し、「Ｉさんが私に対して権力を振りかざさない立ち位置だから」（以上、白崎2020、131頁）なのかもしれないと述べる。

　一般的に、「下ネタ」を嫌悪感を伴わず言える、あるいは聞ける関係は心理的に近い。ということは、もし下ネタが過ぎるようなことがあれば、それを注意したり、言わないように伝えられる関係なのではないかと理解した。

　つまり、互いにその場から「降りる」「離れる」「止める」自由がある関係ということだ。白崎（2020）が書くように、権力構造なのだ。となれば、やはり牟田（2001）に戻って、「受けた側が何の危惧もなく断ることができて意思に反した無理強いがなされないのであれば、セクハラにはならない」（牟田2001、14頁）ということなのではないだろうか。

このように介護者側に「断る」自由がないことは、セクハラが発生する原因の一つになり得ると言うことができよう。

6 性の「当事者」とそれに伴う個別性を大事にしながら

　本章では、セクハラがなぜ起こるのかということを、支援者側の意思の表出及び要介護者の性的言動を否定しない余地を軸にして検討した。支援者が要介護者から向けられたすべての性的言動をセクハラと呼んで全否定するのではなく、文脈を辿って背後に孤独感があるなど、何らかの理由があるケースでは、抑止するのではなくその行動の背景を分析する余地を残しておく必要性を、実体験を起点に述べた。

　しかし、トラウマからそれができない支援者がいることも忘れてはならず、トラウマの有無に関わらず支援者に「断る」自由がないことがセクハラの発生する原因の一つになり得るという指摘を同時に行った。

　多くの支援者は障害や高齢に関して当事者性を持っていないが、性は支援者の誰もが「当事者性」（宮本2013、96頁）を持っている、と指摘したのはソーシャルワーカーの宮本節子である。とはいえ、誰もが同じ性的経験を経て同じ場所にいるわけではない。自らの経験していない性的経験をしている他の支援者及び要介護者への想像力を働かせることを、私たちは続けていかなければならない。

参考文献

・荒木乳根子『Q&Aで学ぶ 高齢者の性とその対応』（中央法規、2008年）

・荒木乳根子「高齢者の性と介護をめぐって」『高齢者のケアと行動科学』(15)、（日本老年行動科学会、2010年）、2-10頁

・尹嘉鉉「認知症高齢者の性的な行為とその対応」『老年社会科学』33(3)、（日本老年社会科学会、2011年）、444-453頁

・角田由紀子『性と法律―変わったこと、変えたいこと―』（岩波書店、2013年）

・厚生労働省「職場におけるパワーハラスメント対策が事業主の義務になりました！～～セクシュアルハラスメント対策や妊娠・出産・育児休業等に関するハラスメント対策とともに対応をお願いします～～」
　https://www.mhlw.go.jp/content/11900000/000611025.pdf（2022.6.15閲覧）

・宮本節子「差別、貧困、暴力被害、性の当事者性」須藤八千代・宮本節子『婦人保護施設と売春・貧困・DV問題 女性支援の変遷と新たな展開』（明石書店、2013年）、53-107頁

・牟田和恵『実践するフェミニズム』（岩波書店、2001年）

・白崎朝子『Passion ケアという「しごと」』（現代書館、2020年）

・副田あけみ・菅野花恵『介護職・相談援助職への暴力とハラスメント』（勁草書房、2022年）

・武子愛「性的ニーズと向き合うことになった福祉専門職」結城康博・米村美奈・武子愛・後藤宰人『福祉は「性」とどう向き合うか 障害者・高齢者の恋愛・結婚』（ミネルヴァ書房、2018年）、102-123頁

第**4**章 ハラスメントの深刻な問題点 〜外部から見た介護現場〜

① ジャーナリストの視点から

　筆者は以前、通信社の記者として厚生労働省の記者クラブに常駐していた時期がある。

　介護問題に対応する厚生労働省老健局の担当をしており、日常的に老健局の幹部や職員に会って直接話を聞いていた。それまで介護分野に関する知識は皆無で、担当になってからは盛んに議論されていた地域包括ケアシステム構想や介護報酬に関する説明を何度聞いてもピンと来ず、しつこく担当者に説明を求めた記憶がある。それでも老健局担当を経て「介護分野は取材経験がある」と多少は自負するようになっていた。しかし、フリーランスに転身後、某週刊誌からの依頼で行った高齢者による介護従事者へのセクハラに関する取材で大変な衝撃を受けた。

　「自分がいかに介護業界の実態を知らないまま上辺だけのニュースを書いていたのか」。高齢者から受けたセクハラ被害について声を震わせながら語る元介護従事者の様子を見て、複雑な思いに駆られた。

　介護以外の企業、そこで働く人を取材することも多い。職種は違っても、抱える悩みや課題の根本は実に似通っている部分がある。他業種の企業を取材して日頃から感じていることも交えつつ、介護現場のセクハラ・パワハラの問題点について、第三者の視点から考えてみたい。

2 利用者によるハラスメントの実態

(1) 若い女性介護職員へのセクハラ事例（在宅介護）

【事例】

　田中さん（女性・仮名）は、幼少期から高齢者とコミュニケーションをとる機会が多く、高校を卒業するころには高齢者の助けになる仕事をしたいと考えるようになっていた。そのため介護系の学校に進学。就職する際には「生活に寄り添った柔軟な介護をしたい」と、あえて在宅介護の事業所を選んだ。

　志を持って飛び込んだ介護の仕事だったが、就職して間もなく、田中さんは男性利用者（70代）からのセクハラに悩まされるようになる。男性は、身体の片側が麻痺しており、週に数回、男性の自宅で入浴介助や身の回りの世話をしてほしいということだった。

　しかし、男性の担当をはじめて間もなく、執拗なセクハラが始まった。男性は入浴介助のときに「彼氏にも体を洗ってあげるの？」「どれくらいセックスするの？」と性的なことを聞いてくるようになった。さらに、「タオルじゃなくて手で洗ってよ」としつこく言い、断っても、強引に要求を繰り返した。そのうち田中さんにキスを迫ったり、手を無理やり自分の陰部に持っていく、というように言動はエスカレートする一方だったという。被害を受けるうちに、田中さんは睡眠障害やうつ症状を自覚するようになった。

　悩みぬいた末に事業所の先輩に相談したが「かわすのもプロ。スキルを磨いて」と言われ、余計に落ち込んだという。そして「それを『スキル』という業界ならば、私には無理」と感じ、退職。今は事務系の仕事に就いている。

　この事例で筆者が驚いたのは、そのようなセクハラ被害に遭いながら、田中さんが男性の担当を半年近くも続けたということである。一人前の介護のプロになりたいという思いや、事業所が小規模で代わりの人材がいなかったので担当を代わってもらうのも難しいだろうという思いから、我慢したのだと田中さんは語ってくれた。

　田中さんに「またいつか介護の仕事をする可能性はありますか？」と聞くと、「介護の仕事に恐怖心があるので、もう介護の現場で働くのは難しいと思います。特に在宅介護の仕事は絶対にできません」という答えが返ってきた。

（2）男性介護職員へのセクハラ・パワハラ事例（老健施設）

事例

　西野さん（男性・仮名）は、一般企業に8年間勤務した後、もっと人と触れ合う仕事をしたいという思いから介護職に転身を決意。老健施設に就職した。

　西野さんは、70代の女性入居者からセクハラを受けたことがある。女性は西野さんが夜勤をしているとナースコールを頻繁にならした。様子を見に行くと、西野さんに抱きついてきたり、添い寝を要求したり、「キスしてほしい」と迫られた。「今考えると認知症もあったのかなと思うが定かではない」と西野さんは振り返る。女性の頻繁なナースコールで持ち場を離れれば、他の入居者の緊急事態に対応できなくなってしまう恐れもあり、対応に苦慮したという。

　やんわりと言葉でかわし続けたが、毎日続くと精神的につらくなってきたため、担当を代わってもらうことにした。

　また、男性入居者（70代）によるパワハラを受けた経験もある。男性は認知症などの兆候はまったくなく、コミュニケーションには問題がない状態だった。しかし、介護従事者に対する好き嫌いが激しく、特に着替えなど体に触れられる場面で嫌いな人が担当しようとすると大声を出して拒否し、罵倒したという。西野さんは「男性とトラブルになったことはないはずだが嫌われてしまい、介護するたびに怒鳴られた」という。この件についても、施設内で担当を変えて様子を見るという対応がとられた。

③ ハラスメントが「離職」につながる

　行政が介護関連の施策について検討する場合、根底には常に人材不足の問題がある。介護報酬改定も、介護ロボットの開発・導入も、外国人労働者の受け入れも、人材不足やそれによって生じる問題を解決することが目的である。しかし、これらの施策だけでは介護現場の人材不足問題の本質を改善することは難しいだろう。

　これから就職する若者と話していると、高齢化社会の中で、介護職に関心を持つ人は決して少なくないという印象を受ける。しかし、前述した田中さんのように、志を持って介護業界に飛び込んだ若者が、一部のやりたい放題に振る舞う高齢者への対応に疲れ果てて辞めていくケースはほかにもあり、人材が定着しない一因になっているのは明白である。

❹ 介護現場におけるハラスメントの問題点

(1)「守られていない」と感じる介護従事者

　介護現場におけるハラスメント被害を取材していて特に問題だと感じるのは、介護現場で働く人々の「守られていない」という感覚である。他業種で働く人々と比べて、「何かあってもどこに相談したらいいのか分からない」「自分で解決するしかない」という感覚が強いように思う。

　例えば、事例で紹介した西野さんの場合、西野さんが介護職に就く前に働いていた企業は社員数が多いいわゆる大企業で、組合が強かった。「入社して気づくと組合に入っていた感じ」というほどで、社員の大半が組合に加入していた。組合のイベントに駆り出されることも多かったが、現場で問題があれば組合を通じて会社幹部に伝わる仕組みが整っており、「守られている」という安心感は強かったという。

　現在、西野さんが働く老健は比較的大規模な施設だが、それでも施設内に企業に勤めていた頃のような組合やそれに準じる仕組みはないという。毎日職員同士の申し送りはあるため、横のつながりはしっかりしているが、現場の声を幹部に届ける方法はないと感じている。

　利用者からのセクハラ・パワハラには担当を代わるなどといった現場の工夫である程度対処できるが、もっと深刻な利用者からのハラスメントや職員間、職員・上司間の揉めごとが起きた時には「どこに相談すればいいのか全く分からない」状態である。また「インターネットで調べれば全国的な介護職の労働組合があるという情報は出てくるが、どうやって加わるのか、加われるのか、分からない」とも話してくれた。勤め先の総務部に相談窓口はあるが、機能していないのが実態だという。

（2）訪問介護サービスはより深刻

　訪問介護サービスに従事する介護職の人たちは、この感覚がさらに強いように感じる。「何かあった時に相談する人や場所は思い当たりますか？」と聞くと、「相談しても自分のスキルを否定されるだけ」「自分で解決するしかない」という答えが返ってくる。

　この「守られていない」という感覚は、介護職同士の世代間ギャップによって生じる場合もある。利用者からのハラスメント被害を受けた若手の介護従事者を取材していると、上司や先輩による言葉で悩みが深まった事例が少なくない。「触られるうちが華」「慣れるしかない」「上手くかわしてこそプロだからかわす技を考えて」などと、相談を受けても時代錯誤な受け答えで若手が困惑するケースである。

　一方、ベテラン介護職として活躍する人たちに話を聞くと、「困った高齢者を上手くかわすのも仕事のうちという感覚で働いてきた」と言う。確かにそのような時代があり、その中で懸命にキャリアを重ねてきた人たちがそのような感覚を持つのは仕方がない面もあるだろう。

　厚生労働省の統計によれば、訪問介護のヘルパーは、60歳以上が全体の約4割を占める。年齢的に10年以内には、この大半がヘルパーを引退すると予想され、後継者の育成は重要性を増している。価値観が違う若者がプロの介護職として定着するためにはどのような指導やアドバイス、コミュニケーションが適切か検討する必要があるだろう。

（3）「心理的安全性」のある職場に

　「守られていない」という感覚について考える時、思い浮かぶのは、ここ数年良い職場づくりのキーワードとして聞くようになった「心理的安全性」という言葉である。

　「心理的安全性」とは、ハーバードビジネススクールのエイミーエド

モンドソン教授が提唱した概念で、簡単に言えば「チームの誰もが、非難されるのではないかという不安を感じることなく、自分の考えや気持ちを率直に発言できる状態」を指す。Google が 2012 年から実証実験を行い、「チームの生産性向上に最重要」と位置づけたことで広く知られるようになった。

　Google は、良いチームは、「誰がメンバーであるか」よりも「チームがどのように協力しているか」が重要であると指摘する。そして、様々な協力の仕方がある中で、最も重要なのが「心理的安全性」であり、それが実現されているチームは離職率が低く、収益性も高いと結論づけている。

　この概念を日本の組織に当てはめた場合、心理的安全性が感じられるポイントとして重要なのは、①話しやすさ、②助け合い、③挑戦、④新奇歓迎、の4つ（石井遼介『心理的安全性のつくりかた』[1] より）とされる。

　心理的安全性が高い職場であれば、どんな質問や提案、相談をしても聞いてもらえると感じられるため、若者であっても、経験が少ない人であっても、自分の考えを率直に発言することができる。

(4) 心理的安全性と離職率

　心理的安全性と離職率の関係性については、日本でも調査が行われている。株式会社カルチャリア（東京都港区）が 2022 年に実施した、転職して1年以内の会社員を対象とした調査によると、転職者の 43% が前職では「役職に関係なくオープンに話せる雰囲気ではなかった」と回答。さらに転職者の 57% が前職では「心理的安全性を高める取り組み」をしていなかったと回答し、83.2% が「職場を選ぶ要素として『心理的安全性』を重視する」と答えた[2]。

　心理的安全性は、「人材や業務量に余裕がある職場じゃないと実現できない」とか、「和気あいあいとしなければいけないイメージがあって、

緩い職場になりそう」などと、誤解されることもある。しかし、心理的安全性は、命を扱い常に緊張感のある医療現場の新生児集中治療室でも実現でき、「心理的安全な医療チームはやり方への習熟が早く、手術の成功率が高い」という研究結果が報告されているのである。

取材を受けてくれた介護経験者の「守られていない」という感覚は、心理的安全性とは真逆の、心理的「非」安全性に当たる。「相談すると自分の能力が低いと思われる」「それくらい解決できないでどうするの、と否定される」と思い、一人で悩んで離職してしまうといった事態をこれ以上生まないために、「心理的安全性」を介護現場に根付かせることが急務なのではないか。

⑤ ハラスメント問題の認知度

(1) 高齢者批判をためらう

第1章でも触れているが、NCCUアンケートによれば、アンケートに回答した組合員（介護従事者）の74.2%がサービス利用者である高齢者から「ハラスメントを受けたことがある」と答えている（第1章5頁参照）。

実際、介護現場で働いた経験がある人に取材すると、ほとんどの人から「ハラスメント被害の経験がある」という答えが返ってきた。しかし、介護職以外の人々の間では、介護現場でこんなにも利用者によるハラスメント行為が横行しているという認識は極めて薄い。なぜなのか。

まず、社会的弱者である高齢者を批判することにためらいを感じ、ほとんどが現場で黙認されて表面化しないからだと考えられる。また、当事者の訴えが少ない上に、やはり社会的弱者を批判することにはハードルも感じられ、マスコミが積極的に取り上げてこなかったことも影響し

ているだろう。新聞の過去記事を見てみても、介護従業員のハラスメント被害が取り上げられるようになったのは、NCCUが調査結果を公表した2018年以降で、記事の数も少ない。

　高齢者の中には認知症などの疾患を抱える人もいるため、ハラスメント対応と質の高いサービスの線引きが難しいケースもある。しかし線引きが難しいのは他のサービス業や医療現場でも共通する課題である。「仕方がない」と黙認するのではなく、積極的に声を上げ、社会全体に問題提起していくことは、制度が維持できないほどの人材不足に直面する介護業界の労働環境を考える上で不可欠である。

(2) 外国人労働者へのハラスメント

　人材確保の一環として、政府は介護現場への外国人労働者の受け入れを進めているが、介護現場を取材すると外国人労働者へのハラスメント問題も深刻である。

　老健施設で働いたことのある男性は「外国人介護職の言葉が分かりにくいということで怒ったり、差別的な感情を持ってハラスメント行為をする高齢者は一部だが存在した」と証言してくれた。

　社会全体が介護サービス利用者によるハラスメントについて認識を深めないまま外国人労働者の受け入れを進めれば、今以上に問題が深刻になる可能性もある。

参考文献

1）石井遼介『心理的安全性のつくりかた』（日本能率協会マネジメントセンター、2020年）

2）株式会社カルチャリア「『転職における心理的安全性』の実態調査」
　https://culturia.co.jp/column/9044.html（2022年7月3日閲覧）

第5章 介護人材不足が引き起こすハラスメント

1 かねてから存在するハラスメント問題

(1) ハラスメントは、古くて新しい問題!

ア. 新人ケアマネジャー時代

　昨今、介護現場におけるハラスメント問題が、ようやく社会で注目されるようになった。正直、筆者にとっては、「ようやくだ!」といった心境が本音である。

　2003年4月にケアマネジャーの職に就いてからまもなく、筆者は、担当ケースのヘルパー（訪問介護員）から「利用者からハラスメントを受けたので辞めさせていただきます。もう、ヘルパーの仕事はやりません!」といった電話を受けたのを覚えている。ここで紹介する最初の事例であるが、かつて「ハラスメントの対応か」と言ったことが、今でも鮮明に記憶にある。独り暮らし高齢者の女性で要介護1もしくは2だった気がする。年齢は80歳ぐらいで、身体的には買い物は独りでは危険であるため、週何回かヘルパーに頼んでいた。

　当時、介護保険制度ができて3年が経ち、要介護者が自ら選択できる介護システムが完成し、筆者は新人ケアマネジャーとして、その仕事に携われる楽しみを感じていた。しかし、いきなりのハラスメント問題への対応であった。サービス担当責任者と相談して、次のヘルパーを探すことに苦慮した。

イ．こだわる高齢者

　この女性は若いとき高級料理店を経営しており、かなりのこだわりのある要介護者であった。野菜や肉など、かなり品定めにうるさかった。そのため、何人かのヘルパーが辞めていき、訪問介護事業所では困難ケースとなっていた。

　先の辞職したヘルパーは20代前半（旧ヘルパー2級資格を取得したばかり）で、訪問介護事業所としても、新人に担当させてみて状況を見極めようとした苦肉の策であった。当然、若いヘルパーは品定めができず、その要介護者から「明日から来ないで、あなたは使えないヘルパーね！」といった感じになってしまった。

　結局、次のヘルパーを探せずに、筆者は「もうヘルパーは来ません、何回も不平を言うので、来てくれるヘルパーがいなくなりました。すみません、お詫びします。」と説明して、訪問介護サービスが利用できなくなった。実質、買い物支援や日常生活の身の回りの支援が受けられなくなり、自分で有料老人ホームに入所することを決意して、筆者はその担当から解放された。

　今、思えば辞めた若いヘルパーについては、「惜しい『人材』を介護業界から逃した」「訪問介護事業所のマネジメント機能が不適切」と考えられるのだが、当時、筆者は介護施設に入所してくれて、「ラッキー」ぐらいとしか思えなかった。広い視野で、介護現場を見る余裕もなかった。

(2) データでも明らか

　実際、介護労働安定センターによる調査結果からも、10年以上前に介護現場のハラスメント問題は顕在化していたことがわかる[1]。

　例えば、セクハラといった性的嫌がらせも、すでに「訪問介護」など

主要な介護現場で1割以上の介護従事者が経験していた。また、「暴言」などは一定の割合で経験していた（図表5-1）。その意味では、ハラスメント問題は歴史が深い。

図表5-1　介護従事者による利用者からのセクハラ・暴力等の経験割合
（2008年10月1日現在）

	訪問介護	訪問看護	通所介護	介護老人福祉施設	介護老人保健施設	居宅介護支援
セクハラ/性的嫌がらせ（%）	11.2	13.6	14.0	15.4	14.9	4.0
暴力（%）	7.1	12.1	16.5	44.0	43.3	1.4
暴言/直接的な言葉の暴力（%）	25.3	24.0	26.6	46.7	46.0	15.0
利用者から介護保険以外のサービスを求められた（%）	45.3	12.4	17	9.1	7.0	25.7
家族から介護保険以外のサービスを求められた（%）	24.7	10.1	9.5	5.4	4.5	23.5
回答労働者数（人）	5,879	404	3,291	1,476	645	1,454

（公）介護労働安定センター
『平成20年度介護労働実態調査［介護労働者の就業実態と就業意識調査］』（2009年7月）22頁より作成

　特に、注目すべきは「利用者から介護保険以外のサービスを求められた」といった経験をした者が、「訪問介護」では4割以上を占めている点である。先の事例においても「依頼した生鮮食料品の品定め」は、介護保険の適用外と考えられるが、利用者本人はハラスメントと意識せず、強い口調でヘルパーを叱りつけていた。

(3) 権利意識が芽生えていく

　周知のように介護保険制度が創設される以前は、「措置」制度に基づく福祉サービスで「介護」が提供されていた。全額公費という財政システムによって（若干、所得に応じて自己負担はあるが）、要介護者の権利意識が現行の社会保険と比べると芽生えにくかった。

　しかし、介護保険制度が導入されたことで毎月保険料が年金から天引きされ、1回の利用ごとに自己負担も課されることで「お金を払ってい

るのだから…」といった、「顧客」感覚が介護現場に浸透していった。そして、株式会社系の介護事業所も増えていく過程で、要介護者を「お客様」と呼び、家族も含めて「権利意識」が自ずと芽生えてしまい「ハラスメント」を、さらに助長させる要因の１つになったのではないだろうか。

　実際、筆者のゼミ生であった卒業生の介護職員からも、要介護者やその家族のセクハラ・パワハラにより、耐えられず辞めてしまったケースを聞いている。

　要介護者側の「支えられて当然」といった感覚ではなく、それらの「モラル」「社会常識」などを啓発していかないと、介護人材不足は深刻化するばかりである。介護は「支える側」と「支えられる側」の信頼関係で成り立っていることを忘れてはならない。

　その意味では、介護業界以外で、2018年頃に日大アメフト部や財務省に端を発したセクハラ・パワハラ問題が世間を賑わしたことで、介護現場のハラスメントも注目されるようになったことはプラスに考えるべきかもしれない。

❷　介護現場は「Ｗセクハラ・パワハラ」

（1）上司も加害者に

　介護現場のセクハラ・パワハラ問題は、①要介護者や利用者家族が加害者となる場合、②一般的に理解されている上司による場合、いわば「Ｗセクハラ・パワハラ」といった２つの要素がある。

　もちろん、サービス業においても「モンスター顧客」のような利用者側によるセクハラ・パワハラに類似する事象は多々ある。しかし、介護現場と違って、常時、そのような顧客と接する必要はなく、適宜、接触を回避することができる。

　しかし、あくまで加害者である要介護者は「介護」を受けなければならない社会的弱者であり、専門職として支援しなければならない責務がある。そのため、そう簡単に接触を回避できないのが実態だ。しかも、加害者側も、非常に重度な認知症などの病気を患っているケースを除き、自分が社会的弱者ということを自覚して、一種の甘えからセクハラ・パワハラ行為に至っているケースも珍しくない。

(2) セクハラは密室が多い

ア．共通するのは密室

　繰り返すが、筆者は、多くの卒業生を介護職員として送り出しているが、要介護者やその家族によるセクハラ・パワハラが1つの要因として、介護の仕事を辞めて他の仕事に就いたケースの相談に何度かのることがあった。これら事案の中で共通していることは、被害に遭うことが「密室」であるケースが多いことである。

イ．個室型が増える介護施設

　ここでまた事例を紹介する。

事例

　介護施設で従事する1年目の女性介護職員は、個室型の介護施設で働いていた。当該ケースの要介護高齢者は要介護4とほぼ寝たきり状態で脳梗塞の後遺症から会話等は不自由ではあったが、手や腕は動かすことが可能で、しかも頭脳明晰であった。その要介護高齢者からオムツ交換の際に胸やお尻を、度々、触られる場面があったそうだ。その介護職員は22歳と若いこともあって、入社半年後に介護の仕事を辞めてしまい、一般の会社員として企業へ転職してしまった。

　この介護職員は、数度、上司の女性介護長や副介護長に相談したが、「私が介助する時は触られない。まあ、年齢がいっているかもしれないからだろうが、『触られる』うちが『華』だから、うまくかわして。誰でも若い介護職員なら『通る』道だから」と、親身になって対応してくれなかったようだ。密室となる個室型の介護施設で、若い介護職員がうまくかわすにも、誰もが対応できるとは限らない。しかも、精神的な被害は想像以上だ。

ウ．在宅介護でも深刻

　さらに、要介護者家族によるパワハラ問題も深刻だ。在宅ヘルパーに、「やってもらうことが当然」「自分は、毎日、親の介護で疲れているので、ヘルパーにはしっかりやってもらわないと」といった気持ちで、介護のやり方、対応の仕方など「命令」口調で、ヘルパーに頼むケースも少なくないのだ。

(3) タブー視される傾向

　人間が高齢期を迎えても、「セックス」「性」に関する課題が消滅するわけではない。男性、女性を問わず60歳、70歳と年齢を重ねても、これらはつきまとう。特に、要介護状態になっても、「性」の問題は年を取るにつれ複雑化している。

　男性高齢者における女性介護職員へのセクハラ問題や、介護施設における高齢者間の性（セックス）課題など、タブー視される風潮は否めず、福祉従事者の多くは悩みながら仕事をしている。いわば利用者のセクハラ問題を福祉専門職として、どのように対応していくか試行錯誤の連続である。

③ 慢性的な介護人材不足

(1) コロナ禍で鮮明に

　一部であっても「ハラスメント」の加害者となる要介護者や家族が存在することで、介護業界の危機的な状況を生み出す１つの引き金となってしまう。

　現在の介護現場における喫緊の課題は、言うまでもなく「介護人材不足」である。特に、コロナ禍において、濃厚接触者などにより出勤できる介護スタッフが少なくなり現場が回らなくなった介護施設も多かった。平時でも人手不足であったにも関わらず、コロナ禍によって鮮明に人材不足問題が浮き彫りとなった。確かに、コロナ前後と比べて介護職の有効求人倍率は低くなったものの、いまだ３倍以上となっており「売り手市場」に変わりない[2]。ポストコロナでは、再度、４倍以上の厳しい人手不足が予測されると考えられ、抜本的な対策が喫緊の課題となっている。

(2) 危機的な訪問介護の現場

　特に、訪問介護職と施設介護職を比較した場合、その深刻さは歴然としている。厚生労働省の資料によれば、訪問介護職の有効求人倍率は２年連続で約15倍となっており、もはや解決の糸口さえ見出せないでいる（図表5-2）。

　特に、2021年８月介護労働安定センターが公表した「令和２年度『介護労働実態調査』結果」によれば、訪問介護員（在宅ヘルパー）の４人に１人が65歳以上と驚くべき実態が明らかとなっている[3]。いわば「在宅ヘルパー」の高齢化により、数年後には、マンパワーが枯渇することが予測できる。

図表 5-2　訪問介護職と施設介護職の有効求人倍率の比較

年度	施設介護職	訪問介護職
2020 年度	3.9	14.92
2019 年度	4.31	15.03
2018 年度	4.02	13.1
2017 年度	3.66	11.33
2016 年度	3.07	9.3
2015 年度	2.6	7.04
2014 年度	2.27	4.95
2013 年度	1.91	3.29

（横軸目盛：0　2　4　6　8　10　12　14　16　倍）
■ 施設介護職　■ 訪問介護職

厚労省社会保障審議会介護保険部会
「地域包括ケアシステムの更なる深化・推進について（第 93 回）：資料 2」2022 年 5 月 16 日 24 頁より筆者作成

　そもそも、訪問介護員（ヘルパー）の就業形態は、介護施設系と比べ
ると非正規職員の占める割合が高い（図表 5-3）。当然、短時間労働者が
主力となる業界においては、「時給」といった賃金ベースで「労働市場」
での人材獲得競争になるのだが、明らかに他産業と比べると訪問介護員
が不利である。

図表 5-3　介護サービス従事者における非正規職員の割合

訪問介護	通所介護	小規模多機能型居宅介護	介護老人福祉施設（特養）	認知症対応型通所介護（グループホーム）
60.8%	52.4%	47.1%	35.8%	41.0%

（公）介護労働安定センター「令和元年度介護労働実態調査事業所における
介護労働実態調査結果報告書」資料編（2020 年 8 月）22 頁より筆者作成

　確かに、「時給」ベースで考えるならば、「生活援助」「身体介護」によっ
て異なるものの、大型ショッピングセンターやコンビニと比較すれば単
価は高い。しかし、1 日 5 〜 6 時間の労働単価で考えるならば訪問介護

員よりも他産業で働くほうが、収入が高くなる可能性がある。なぜなら「登録型ヘルパー」は、1日3ケースぐらいを担当する傾向にあり、5～7件も担う訪問介護員は少ない。

　まして、訪問介護員は、雨の日や暑い日もケース宅に訪問することとなるが、大型ショッピングセンターで働けばエアコンなども利いて労働環境も良好である。子育てが一段落した主婦層がパートを始めるとして、わざわざ資格を取得して訪問介護員として働くよりも、これらのほうが働きやすいはずだ。

　特に、訪問介護員は、認知症ケア、介護技術、家族への対応など専門性が求められるため、「時給」ベースが他産業よりも高くとも、1日の収入ベースで換算してかなりの差でなければ、訪問介護業界に人材は集まらない。

(3) 負のイメージ

　その意味では、介護現場でハラスメント問題が顕在化し、対策を講じる必要性を社会が認めていく傾向は歓迎すべきことである。しかし、逆にハラスメント問題が明るみになったことで「介護職」を敬遠する人々も生じてしまうことも看過できない。

　確かに、「福祉」にやりがいを見出す層も存在するかもしれないが、超高齢化社会に突入している日本社会において、それを賄える介護職員を整えていくには「介護職」の負のイメージを払拭しなければ、全産業との「人材獲得競争」に介護業界が勝つことはできない。その意味では、ハラスメント対策をしっかり講じている業界として、介護分野が社会に浸透しなければならない。

④ 人口減少社会を軽視

(1) 若年者と高齢者人口

　2021 年 12 月 31 日に総務省が発表した人口推計によれば、2022 年 1
月 1 日に新成人となる人口が前年から 4 万人減って、120 万人となって
いる。読者の中にも、孫、息子もしくは娘が、今年 1 月 10 日に成人式
を迎えた方もいるだろう。

　しかし、新成人の推移を見る限り人口減少社会の現実を理解できる。
1995 年団塊ジュニア世代が成人式を迎えた 201 万人を境に減少傾向に
ある。しかも、2021 年出生数が約 80 万 5,000 人となり、20 年後の成人
式は約 80 万人程度だ。

　また、25 歳以下の人口層をみれば左肩下がりは明白で、既述の要介
護者がピークとなる 2035 年以降、20 歳以上となる若者は学年ごとにみ
れば約 100 万人足らずである（図表5-4）。この少ない若者層から、どれ

図表 5-4　25 歳以下の人口数（2021 年 10 月 1 日）

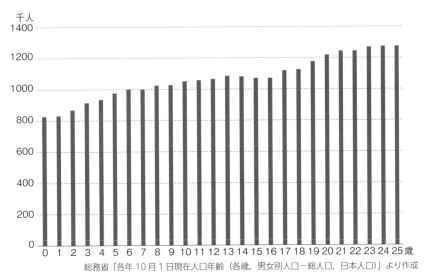

総務省「各年 10 月 1 日現在人口年齢（各歳，男女別人口－総人口，日本人口）」より作成

だけ介護人材が確保できるかである。

　実際、介護分野に限らず、農業、サービス業、建設業といった多くの産業分野でも人手不足は深刻化している。いわば各産業分野で「人材獲得競争」が激化しているのだ。

　それに対して、高齢者人口構成を見る限り、団塊世代層の割合がかなりの塊となっていることが理解できる（図表5-5）。

図表5-5　70〜90歳の年齢別人口数（2021年10月1日）

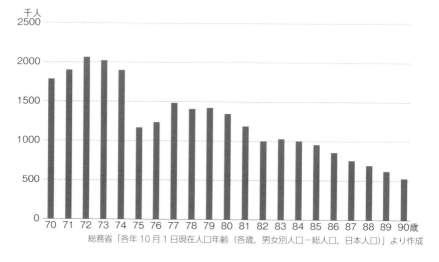

総務省「各年10月1日現在人口年齢（各歳，男女別人口－総人口，日本人口）」より作成

　2020年簡易生命表によると、男性の平均寿命は81.64年、女性の平均寿命は87.74年となっており、前年と比較して男性は0.22年、女性は0.30年上回っている[4]。つまり、これら団塊世代の多くは85歳以上まで存命することとなり、急激に2035年には要介護者が増加することになる。

　現在の85歳以上の人口数でさえ、「介護施設が見つからない」「訪問介護事業所にお願いしても、ヘルパー不足でサービスが使いにくい」「ケアマネジャー探しに苦慮している」といった現場の声を耳にするが、2035年には深刻な需給バランスが崩れ「介護難民」続出は極端な議論

ではない。

(2) 2035 年「介護難民」続出の懸念

　現在、団塊世代のすべてが 75 歳を迎える 2025 年問題が注目され「地域包括ケアシステム」といった、在宅介護を基軸とした介護・高齢者福祉施策等が進行中である。

　しかし、要介護者の需給バランスを予想する限り、2035 年の団塊世代がすべて 85 歳となる時期が、介護問題最大のターニングポイントになるだろう。なぜなら、年齢に応じた要介護者の発症率は、85 歳以降に高くなっていく（図表 5-6）。いわば 85 歳以上の 2 人に 1 人が軽度者であっても要介護者となるからだ。

図表 5-6　年齢別における要介護者の割合

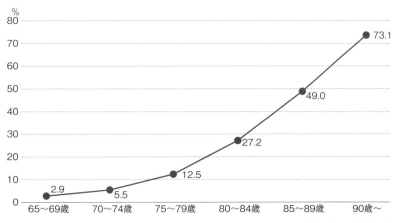

厚労省社会保障審議会介護保険部会
「地域包括ケアシステムの更なる深化・推進について（追加資料）」（2022 年 5 月 30 日）より

　その時期までに、社会が抜本的な介護職員の人材不足問題に対応しておかなければ「介護難民」続出といった事態になりかねない。厚生労働省の資料によれば、将来、必要とされる介護職員の人数は現行（2019

年時）から、さらに 2023 年 22 万人、2025 年 32 万人、2040 年 69 万人との推計が示されている[5]。明らかに人口減少社会における出生数と要介護者数の増加を見据えた対策を講じなければ、大きく需給バランスが崩れることは明白である。

（3）地方はさらに深刻

　地方はさらに深刻な人材不足が予測される。なぜなら 18 歳以降の人口層が極端に減少していくからだ。これは高校を卒業して大学進学もしくは就職などで、東京、大阪、名古屋、福岡といった大都市部に転出するためである。

　一方、70 歳以上の人口層は、ほぼ全国水準と変らない。同じように団塊世代がかなりの層を占めており、多くの人が 85 歳まで存命し要介護者となることが予測される。

　いわば、このような地域が日本全国の大半のケースとなるのではないだろうか。つまり、札幌、仙台、東京、名古屋、大阪、福岡といった大都市周辺部を除いて 18 歳以降の人口層が激減する。そのため、出生数が減少傾向で「少子化対策」が急務とされているが、並行して「18 歳以上の人口流出防止策」「U ターン施策」に力点を置かないと、大部分の地方は深刻な人手不足問題となる。

　特に、介護ニーズが 2035 年以降一挙に高まることから、若年層が少ないながらも介護人材の確保・定着に社会全体が邁進しなければならない。現在でさえも介護人材不足が深刻化しているが、より若年層が少ない 2035 年以降に向けて抜本的な施策が求められる。

（4）擬似的市場の限界

　そもそも介護保険制度は「競争原理」に基づいて、各介護事業所が「擬

似的市場」のもとで売上を鑑み「労働分配率」を講じていく。しかし、介護報酬単価は要介護者1人当たりの「ケア」に対して固定化されているため、いくら介護事業者が顧客（利用者）を集めても「利潤」は限定的である。そのため、大幅な「労働分配」率を上げることは難しい。

　つまり、例えば、訪問介護員のケア1時間単価は、約2,000～4,000円と公定価格で決まっており、労働者への分配額に限界がある。その意味では、若干の「公定価格」を操作して訪問介護員（ヘルパー）の賃金を引き上げても、新たに人材を呼び込むことは難しい。特に、全国的に「最低賃金」も引き上がっているため、「訪問介護」分野が労働市場で勝つことは難しい。

(5) 公共財としての介護サービス

ア．公務員もしく準公務員化

　具体的な抜本施策として、例えば、訪問介護部門の一部を自治体（市区町村）が直に引き受け、公務員もしくは準公務員ヘルパーとしての雇用形態を再構築していくことが考えられる。

　繰り返すが、介護保険制度の創設前は、「措置」制度による訪問介護が基本であった。いわゆる公費による「ホームヘルプ事業」を基軸に、自治体もしくは社会福祉協議会による職員（ヘルパー）による訪問介護サービスが主体であった。

　確かに、一部の地域においては、委託事業形態によって「ホームヘルプ事業」を民間供給主体が担っていたケースがあった。しかし、多くは自治体（市区町村）や社会福祉協議会の職員で運営されていた。そのため雇用環境も安定しており、当時、ホームヘルパー（訪問介護員）に公募があれば多くの人が応募していた。

イ．18歳人口流出の防止策

　このことから公務員もしく準公務員といった雇用形態による訪問介護員（ヘルパー）を増やす施策に転じれば、深刻な人材不足の解消に繋がるはずだ。なぜなら、依然として生産年齢人口が減少しても、若者には公務員への人気が高いからだ。

　そして、過疎地で公務員として働く訪問介護員が増えれば、若者が当該地域に定住することとなり人口減少対策の1つの方策ともなる。

ウ．ハラスメント対策にも有効

　しかも、一定の公務員による訪問介護員（ヘルパー）が存在することで、ハラスメントを行う加害者である要介護者や家族に対して、しっかりとした対応が可能である。どうしても民間介護事業者のヘルパーであれば、既述のように「顧客」意識が強くなってしまいハラスメントを助長させてしまうこともある。

　一部、公務員ヘルパーが利用者宅へ「ケア」に入り、ハラスメントの被害者となった場合、保険者（市区町村）として毅然とした態度で臨み、利用者へ改善を求めることができる。

(6) 介護保険施策の最大の課題

　2000年4月に介護保険制度が創設されてから22年が過ぎている。しかし、人口減少社会を見据えた制度改正の議論は少ない。

　「介護保険財政」「地域包括ケアシステム」「法令遵守」「介護人材不足」「医療・介護連携」「重度化防止・自立支援」などのテーマで議論されることは多々あるが、今後の人口減少社会を見据えて制度の持続性を考えていくには至っていない。

　確かに、適宜、介護人材不足の議論がなされ、一定の賃金引き上げの施策は実行されているが、抜本的な改善策がなされず今日に至っている。

　もはや、介護保険施策の最大の課題は、いかに人口減少社会において限られた生産年齢人口が介護職に就くかである。

注

１）公益財団法人　介護労働安定センター『平成 20 年度介護労働実態調査［介護労働者の就業実態と就業意識調査]』(2009 年 7 月)、22 頁より

２）厚生労働省「一般職業紹介状況（各年各月版)」

３）公益財団法人　介護労働安定センター「令和 2 年度『介護労働実態調査』結果の概要について」(2021 年 8 月 23 日)、3 頁

４）厚生労働省「令和 2 年簡易生命表の概況」(2020 年 7 月 30 日)
　　https://www.mhlw.go.jp/toukei/saikin/hw/life/life20/index.html

５）厚生労働省「第 8 期介護保険事業計画に基づく介護職員の必要数について」
　　(2021 年 7 月 9 日)
　　https://www.mhlw.go.jp/stf/houdou/0000207323_00005.html

第2部

事例に学ぶ
介護現場のハラスメント対策
〜予防・対応・再発防止〜

第6章　介護施設とハラスメント

1　多岐にわたる介護施設でのハラスメント

（1）ボディタッチが多くて困っています

　介護施設を運営していると「施設長、入居の○○さんが入浴介助中に胸をさわってくるんですけど！」「技能実習生の○○さんが、女性の職員に対してボディタッチ多くて困っています」など、セクハラに関する訴えを耳にすることが多くある。セクハラは女性に対してだけの問題ではないが、介護施設は女性職員の多い職場であることが関係しているだろう。また、入居者から通常の介護サービスを超えた要求や、入居者家族の介護への想いと介護施設でできる範囲のギャップによるクレームなど、介護保険法施行以降、契約関係で行われる介護サービスだからこそのハラスメントなど、介護施設でのハラスメントは多岐にわたっている。

（2）ひと昔前は…

　介護業界で働いていると、ひと昔前は、今ほどハラスメントという言葉が前面に出ていたわけではなかった。介護施設を利用しているのは社会的弱者であって、どんなに理不尽な要求があっても、対応できてこそのプロであるという認識は、私たち介護の世界で働いてきた者には染みついているのではないだろうか。しかし、この考え方自体が、閉鎖的な空間である介護施設の特徴であると感じている。

　閉鎖空間ではない、一般社会では、ここ数年でハラスメントという言

葉が存在感を増している実感がある。介護保険法施行以降、準市場となった介護業界も、今一歩ハラスメント問題と向き合っていく必要があるのではないだろうか。そのためには、介護の世界で起こっているハラスメントの情報を、多くの関係者が共有する必要があるのではないかと思う。

　本章では、筆者の経営するいくつかの施設類型で、実際に起こった事例を挙げて、読者の皆さんと情報を共有していきたい。なお、事例中の個人名は仮名とさせていただき、内容などは実際のケースをベースに多少の改編をしていることはご理解いただきたい。

② デイサービス職員へのハラスメント事例

事例

▶コップを置く向きが違う！

　佐藤様は、遠方に住んでいる本人を心配し、家族が自宅近くのサ高住に呼び寄せた形で入居された。入居当時、介護度は自立。大きな病気もなく元気に過ごしていた。もともとの性格だと思われるが、他人や職員に対し、自分の考えを押し付ける様子は見受けられていた。

　入居して2、3年経過した頃から、足腰の衰えを感じ、要介護申請をしたところ、要支援2となった。体力維持を目的として、運動をメインとする1日型のデイサービスに通うようになった。デイサービスに通いだして間もない頃から、自分の思いどおりにならないことに対し、憤慨することが多く見受けられるようになっていった。デイサービスからの報告では、「コップを置く向きが違う」「おしぼりを布製のものではなく、使い捨ての紙製のものにしろと

言っているのに、何度言っても変えない」といったことを口火に職員に対し延々と詰問するようになった。職員をつかまえては数時間にわたり相談室にこもることがあった。その間、大きな声で威圧的にご自身の要望のみをまくしたてるようになっていった。

▶デイサービスでの入浴のせいだ！

デイサービスで見受けられたようなことは、当然サ高住内でも行われた。サ高住の入居者10人程度で梨狩りに行く際などは「大人数で行くのに、入園料が割引にならないなんておかしい。それを梨園と交渉するのがあなたたちの役割でしょう！」と言って、職員に詰め寄ったりした。そのようなことはしばしば起こり、しだいにサ高住職員も対応に苦慮するようになっていったが、「これに対応できてこその介護職」と、サ高住、デイサービスそれぞれで何とか対応していた。

その後、佐藤様が足白癬になったことで、状況がさらに悪化した。佐藤様の主張としては、「デイサービスでうつされたから、治療費はデイサービスで支払うべきだ！自分は今まで一度も水虫になんかなったことがないからデイサービスでの入浴のせいだ！」という趣旨だった。それをサ高住に帰宅してからスタッフに延々と訴えるようになった。デイサービスに行った際には、同様に説明を求め、デイサービス職員を長時間拘束するようになった。もちろん、デイサービスの入浴では衛生管理にはしっかりと留意し対応していた。このころには歩行器を使用していたのだが、激高すると歩行器で職員にわざと突っ込んでいき、職員の足を歩行器で故意に踏む、ぶつけるような物理的なコンタクトをとるようになってきていた。

▶全職員同じ回答ができるように

　対応ではじめに行ったのは、管理者による本人との面談だった。そこで、解決することができないことは前提として、主な要望の整理のため、本人と随時面談をし、要望の把握に努めるようにした。その後、引継ぎや、経過記録を利用して、管理者がヒアリングして整理した情報を基に、本人からこれを言われたら、このように答えるといったQ&Aを作成した。いろいろな職員に詰問してきても、主な主張に対しては、全職員同じ回答ができるように注意した。違う回答が出ると、その点を強く主張し、大声を出すこともあったからである。

　そして、ご家族には、大声をあげる、威圧する、歩行器をぶつけてくるなどあれば、逐一報告し、都度ご家族から本人に対し注意していただくという協力を仰いだ。ご家族の前では、いつも落ち着いた様子の佐藤様であったため、当初ご家族は、こちらの報告を聞いても信じる様子はなかったが、一度、担当者会議の席で本人が激高した姿を見てからは、協力的になってくれた。

　当初、対応する職員は、デイサービス、サ高住ともに管理者が主となって行っていたが、管理職であるからといっても、一人の人間が専任で対応することは精神的に大きな負担だった。その点のフォローが遅れたことで、最初に対応にあたっていたサ高住の管理者は対応の辛さを訴えて退職してしまったことが最大の反省点だった。その後は、可能な限り多くの職員が対応にあたるようにした。ハラスメントの対応は属人化してしまうと、管理者層であっても、負担が多く、退職リスクを増大させてしまうのだ。

　佐藤様のケースの場合、最終的には佐藤様の身体状況が悪化し、サ高

住での生活が困難になり、近隣の有料老人ホームへ転居していったので、対応が良かったのか、悪かったのかはわからない。ただし、職員を離職させることなく運営できることを良いハラスメント対応とするのであれば、上記のように、ご家族を巻き込み、対応を誰かに任せるのではなく、チームで対応するという方針に変えていれば、このケースが原因の退職は食い止めることができていたのではないだろうか。

③ 介護職員間でのハラスメント事例

(1) お祝い事がハラスメントのきっかけに

🔖 事例

　本事例は特養施設内における介護職同士のハラスメント事例である。社会保険加入パート介護職の水上　純子（女性）は入社して5年経過していた。笑顔が多く、職員、入居者から人気のある中堅のパート職員だった。私生活では、結婚して3年経過し妊娠したところだった。妊娠したことを職場で報告し、直属の上司である介護課長（男性）や施設長（男性）含め、多くの同僚がお祝いムードとなって、産休・育休をサポートしていこうという雰囲気だった。

　数週間経過し、悪阻がひどくなってくると、日によっては出勤することが難しく、他の職員で急遽出勤可能な職員を探し、急なシフト変更で対応することもあった。その頃から急なシフト変更の影響を受けたパート職員を中心に、水上のシフト変更について冷ややかな雰囲気になっていった。その雰囲気を察した介護課長や施設長は、影響を受けたパート職員に臨機応変に勤務変更してくれたことの感謝を伝え、出産を控えた同僚をみんなでサポート

していこうという趣旨の面談をしていた。

▶同じ時給なのはおかしい

　安定期に入り、シフトはキープできるようになったが、水上の業務は体力面や体調面を考慮し見守り業務が主となっていった。その頃、介護課長に複数のパート職員から、水上の業務に関して話があった。主な内容は、「妊娠は病気ではないのに、体がつらいと言ってフロアで座っていることが多い」「妊娠中もある程度動かないと良くないから、通常の業務につかせるべきだ」「見守りしかしていないのに、同じ時給なのはおかしい」といったものだった。介護課長、施設長は、法人として産休・育休をサポートしていこうと言っていたところ、現場から思わぬ意見が出てきたと驚いた。その後、出産経験のあるパート職員によっては、前述のような内容を本人に直接伝える者も現れていった。そんな雰囲気に耐えられず、水上は介護課長に退職の意向を伝えるようになっていった。

　妊娠、出産と全員が祝える事柄であっても、このようなハラスメントが起きてしまう一つの原因として、介護がサービス業であるということが考えられる。サービス業では、シフトをいかに維持できるかということが、その職員のスキルと考えられるくらい重視されている。その中で、今回のケースは悪阻によるシフト変更を複数回行ったことで、同僚の評価を著しく下げてしまった。多職種協働の職場で評価を下げてしまうと、協力的な雰囲気を引き出すことは難しくなっていってしまうと考えられる。

　別の要因としては、パート職員まで含めた、ハラスメント教育が行き届かなかったことが考えられる。介護事業所の社内研修は、日中帯の業務等を鑑みると、業務終了後の夕方、夜間に行われることが多い。正職

員の場合、比較的参加しやすいが、パート職員の場合、業務終了後の研修に参加することが家庭環境として難しい場合が多い。ハラスメントに関しての研修を受けている正職員の場合、妊娠している職員をサポートしていこうといっても受け入れが良いが、パート職員の場合、ハラスメントに関しての知識が乏しく、過去の自分の経験則という一方からの物の考え方で、発言してしまっている可能性もあるのではないだろうか。

(2) 男性職員はビクビクしながら対応

　また、今回のようなマタハラやセクハラといった問題に関して男性管理職・男性職員は正直ビクビクしながら対応しているのが現実ではないだろうか。こんなことを書くと、それ自体がジェンダーハラスメントと言われそうだが、少なくとも筆者はこういったテーマに関して、女性職員と話す時は、いつも間違ったことを言ってしまうのではないかとビクビクしながら対応している。ハラスメント研修で講義の内容を聞けば聞くほど、働きやすい職場を作らなければという使命感にかられた男性管理職の方が、女性職員よりも不安を感じている印象を持っている。それゆえ、過剰に「みんなで産休・育休をサポートしていこう！」と訴えていたり、マタハラ、セクハラにならないように言葉を選びすぎた結果、言葉の使い方を間違えてしまったりする傾向にあると筆者は感じている。ハラスメントに関して、管理職が意識して行動を起こしていくことは良い傾向ではあるが、それが原因で職員間のやっかみになってしまうということもある。今回のケースでは、管理者が声高に水上をサポートしていこうと言えば言うほど、現場のパート職員はしらけてしまったのではないかと考えられる。

▶事務職に配置転換

　その後、管理者、介護課長は水上が退職せずに産休に入るまでの対応を協議し、産休までの間は、相談員の業務を補佐する事務職に配置転換することとした。配置転換当初、介護の経験はあっても、事務的な業務を行った経験がない水上にとって、また、受け入れた相談室としても業務の割り振りなど苦労している様子が垣間見られた。しかし、事務的業務に慣れてくると、現場で働いていた分お年寄りの状況を細かく把握していることで、計画書作成などで十分戦力となった。最終的には「育休明けにも事務所で手伝ってほしい」という声が聞こえるほどとなり、そのまま無事に産休に入ることができた。

　後日、法人として、パート職員向けハラスメント研修の開催方法を変更し、小グループで日中帯に回数を多く行い、パート職員が参加しやすい形で開催するようになった。今回の事例もケーススタディで扱うなどしていたところ、水上に対し主導的に厳しい言葉を放っていたパート職員は退職していった。

　その後、無事に女の子を生んだ水上は、現在、社会保険加入の介護パートとして復帰している。

❹　介護老人保健施設でのハラスメント

(1) 介護老人保健施設を取り巻く環境

　介護老人保健施設を取り巻く環境についてであるが、介護保険制度の改正の度に、リハビリ施設としての役割、在宅復帰への政策誘導がより強くなっていることは周知のこととなっている。それによって、過去に

はなかった理由での要望、苦情も多くなり、そこから発展した形でのパワハラ、モラハラも事例として増えてきている。

　例えば、以前の老健であれば、長期間、入居をしているケースも多く見受けられたが、近年では在宅復帰率、ベッド回転率を求められることにより、リハビリを行い状況の改善が見られれば、早期の退居指導を行うようになっている。それにより、長期間の入居を望む入居者・家族・在宅のケアマネジャーとのギャップとなり、苦情につながるケースもある。もちろん、各施設の相談員は、入居契約時に老健の特色をしっかりと説明し、状況に応じて早期の退居指導となる了解を得ているのだが、いざそのタイミングとなると、入居期間の延長を求め相談員に対し強い言動になってしまうご家族がいるときもある。

(2) リハビリ施設を期待

　老健はリハビリ施設として期待されている面が大きいが、それでも根本は介護施設となっている。そのため、老健で行われるリハビリは急性期、回復期病棟のリハビリに比べて入居者一人一人と関わる時間が極端に少なくなっている。その点でも、リハビリ施設を期待して入居した入居者、ご家族のイメージと遠くなり、苦情につながるケースもある。

(3) 入居時に薬剤の変更

　さらには、薬をどのように考えるかも苦情の温床となっている面がある。老健によって、運用の仕方に差があるので、一概に論じることはできないが、状況に応じて、入居時に薬剤の変更を依頼することがある。老健内で処方される薬の費用は、老健側の持ち出しとなっているため、入居時に高額の薬を服用している場合、老健側で負担することが難しい場合があるからである。そのため、今まで飲み続けてきた薬を状況に応

じて、変更や減らしたりする場合があり、それが原因で入居者家族とトラブルになる場合もある。

❺ 技能実習生によるハラスメント

（1）外国人介護労働者

　昨今増えている外国人介護労働者によるハラスメントは、新しいテーマではないだろうか。特定技能や技能実習生、留学生や日系人の雇用など、介護業界では様々な形での外国人雇用が増えてきている。日本人の介護労働者が減少してきている中、外国の若い力は介護業界にとって大事な戦力となってきている。

　筆者の経営する施設では、フィリピン、ミャンマー、ベトナムから特定技能や技能実習生の形で来日してきている。それぞれの国に、それぞれの文化・風習があり、受け入れる側もそれを理解しようと四苦八苦しながら何とかこの仕組みが定着するように努力しているところである。最近では努力の甲斐もあり、各施設とも外国人介護職が落ち着いてはきているが、ここに至るまでには様々な失敗があった。ここからは、その中の一つのエピソードを事例として紹介することとする。

🖉事例

▶何か悪いのだろうか

　特養勤務、介護職の安井京子（女性22歳：仮名）とフィリピン人介護技能実習生のエド（男性23歳：仮名）の事例である。

　安井は大学を卒業後、新卒で入ったばかりの介護職だった。新人ではあったが、物覚えが良く新人の中でも業務習得の早い期待の新人だった。ある時、直属の上司である介護課長に安井から「相

談がある」とのことで面談をすることになった。

　面談では、技能実習生のエドから所構わず「大好き」などと言われ困っている、仕事中もボディタッチが多いとの内容だった。また、安井は電車で通勤していたのだが、帰宅時に施設の最寄り駅で待っていたりするのも、困っているとのことだった。エドの教育期間中、安井と一緒に業務に入る機会が多く、同僚として仲良くしていたところからエスカレートしていったとの話だった。安井としては、交際しているわけでもなく、同僚として仲良くしていきたい気持ちもあるが、直近の様子ではどう対処したらよいかわからず相談したとのことだった。

　その後、エドからも話を聞いたところ、内容に関して間違いないとのことだった。本人からすると、むしろ何か悪いのだろうかと不思議がっていた。気に入った女性に、日本語を使い好きだという気持ちを伝えた。挨拶と欲望の間くらいの気持ちで、ハグやキスをした。一緒に帰りたいから、駅で待っていた。たしかに、事柄だけを並べると、学生の恋愛みたいなものと思えなくもないが、そこにもっていくまでのスピード感が安井の波長と全くかみ合わず、相手を不快な思いにさせていたのかもしれない。

　そもそも、相手が喜んでいるか、不快に思っているかを考えずに、職場の同僚だからといって、断るに断りづらい状況において駅で待っていたり、気軽に大好きといって相手を困らせるのは、まさにセクハラと言えるのではないだろうか。

▶別の男性介護職が最寄りの駅まで送る

　一時的な対応として、安井が帰宅する際に同じ時間に終業となる別の男性介護職が最寄りの駅まで送り、エドがいた際には注意す

るという対応をし、同時並行で施設長、介護課長、監理団体の担当者でエドの面談を行い、職場以外で安井と会おうとしないように注意した。

　また、安井に対しても、好意がないのであればプライベートの時間にエドからの連絡があっても応対しないように伝えた。本来であれば、二人の配属を変えたいところではあったが、技能実習生は受け入れた施設を変更することが基本的にできないということもあり、また安井は特養で働きたいという希望もあったので、担当フロアを分けることしかできなかった。その対応でも、ある程度の効果があったようで、その後、エドが安井にちょっかいを出すことは徐々になくなっていった。その後、介護課長は念のためにエドが他の女性職員にちょっかいを出していないかを継続的に調査している。

(2) 現地の人々のコミュニケーション

　今回のケースのような展開になった原因は何だろうと考えたときに、筆者の脳裏には過去に数回訪れたことがあるフィリピンの光景が浮かんだ。南国だからこそその陽気な雰囲気や、現地では人々のコミュニケーションの中でボディタッチが多用されていたことが思い浮かんだ。もちろん、フィリピン人だからといって全員がエドのようなキャラクターであるわけではないが、フィリピンに限らず、日本で働く外国人は、それぞれの国の文化、風習が違うということを認識していないと、思わぬハラスメントを受けてしまうかもしれないし、ハラスメントをしてしまうかもしれない。

　なぜならば、ハラスメントの根本として、本人が不快と感じるか否か

が重要であるわけで、相手の国民性を理解していなければ、不快と感じてしまう一線を容易に越えてしまうことがあるからである。

　介護の世界に特定技能や技能実習で来てくれる外国人労働者は、現地である程度の日本語を学んでから来てくれている。他の業種で来日するよりも、受け入れ側として非常に助かっている。それでもこちらが言葉の面で配慮しなければスムーズなコミュニケーションが難しいのは事実である。その分、私たち受け入れ側が相手の気持ちを理解することは難しいかもしれないが、外国人介護労働者を受け入れる場合は、受け入れる側の責任として言語の壁を越えて、相手の文化や風習を理解する努力をしなければならない。

⑥　介護施設で起こるハラスメントの予防に向けて

　ここまでに事例をいくつか書かせてもらったが、介護施設でのハラスメントと一言でいっても、内容は多岐にわたってきているのをくみ取っていただけたのではないだろうか。入居者、利用者とのハラスメントでは対象が本人同士だけでなく、ご利用者のご家族や保証人といった、後見的役割を果たす者がより発言権をもってハラスメントの当事者となり得るところを考える必要がある。

　当事者同士だけで話が終わらず、登場人物が増えれば増えるほど、物事は複雑になっていって、解決するのが困難になっていってしまう。だからこそ、介護施設のハラスメント問題は、火種が小さいうちに、当事者が少ないうちに、細かく対処して大炎上しないように気を付けなければならない。

　全体に言えることでもあるが、相手の心情や考え方をくみ取る努力をすることで、ハラスメント問題は大きく改善するのではないだろうか。

相手が不快に思う言動をとらないということであれば、相手のバックグ
ラウンドを斟酌した対応をすべきである。それは、対入居者、ご家族で
あっても、職員間の問題であっても、事業所間の問題であっても、すべ
てに当てはまると考えられる。そして、介護施設で働く私たちは、実は
相手を理解して対応するということが非常に得意なはずである。入居の
ご利用者に対して、常日頃から仕事としてそれを実践しているのが介護
施設である。だからこそ、介護施設でのハラスメントに関して、私たち
はしっかりと取り組んで改善していかなければならない。

第 **7** 章 訪問介護現場とハラスメント

1 訪問介護においてハラスメントが起こる背景

（1）訪問介護員（ヘルパー）のこれまで

　簡単に説明をするならば、「訪問介護」とは利用者宅で排泄介助や入浴介助等の身体介護をしたり、お掃除や買い物の代行等の生活援助を行うことである。いわば、相手（利用者）のお城に入り、密接な空間において１対１でその利用者のために仕事を行うのである。

　現在、訪問介護員（以下、ヘルパー）は、専門職であり、介護職員初任者研修（旧ヘルパー２級）以上の資格が必須であるが、現在に至るまでには長い歴史がある。

　1956年家庭養護婦派遣事業が開始されたことから始まり、1962年老人家庭奉仕員派遣事業が創設された。

　当時の家庭奉仕員は、女性ならば、誰にでもできる仕事と考えられていた。このような優しい女性ならば誰でもできるという考え方は、現在でも払拭できずに残っているのが現実である。

　そして、1982年市町村社会福祉協議会等の事業として、ホームヘルパーサービス派遣事業が始まった。依然として「主婦」ならば誰でもできると考えられ、一部、ボランティア活動の一貫のようなものとしてヘルパー派遣も行われていた。

　しかし、多様化する家族や生活、利用者の様々な疾患のもとで支援するためには、それまでのヘルパーの「コツ」や「カン」といったような

ものだけではなく、様々な知識やスキルが必要となった。そして、1995年にヘルパーの養成研修制度が開始された。

　ヘルパーは、介護保険制度下では都道府県から指定を受けた「訪問介護事業所」に所属することとなり、事業所から派遣されるようになった。ヘルパー2級・介護職員初任者研修修了者以上の有資格者でないと派遣業務を行うことができなくなったのである。そして、利用する側は、介護保険制度下において収入に合わせた保険料及び自己負担額が生じるようになり、利用者による自己選択・自己決定という権利が与えられている。

(2) 訪問介護員（ヘルパー）の特性

　繰り返すが、ヘルパーの仕事は「主婦であれば誰でもできる」と言われていたように、就業しているのは女性が多い。年代では40～59歳が主流である。また、60歳以上が約4割を占めている。元気な中高年女性が活躍していることになる。

　仕事の内容は、相手（利用者）宅の中で、生活力を高める自立支援業務を担う。そのため、ヘルパーは、しっかりと人に向き合うことができなければならない。利用者の健康状態はもとより、声のトーンや表情、室内の様子、臭い等から日常生活の些細な変化に気づく必要がある。

　また、利用者の日々の暮らしの空間に「オジャマ」するのであるから、訪問する時間はケアプランや介護計画書どおりにいかず、臨機応変な対応も必要となる。人間性はもとより柔軟性が必要である。

(3) 訪問介護員（ヘルパー）と利用者の関係性

　密室空間の中で、前述のようなヘルパーが、身体的にも精神的にも利用者と密着することにより、孤独感や生活に対する不自由さを抱えてい

る利用者にとっては心身共に、必要不可欠な存在になる。

　ヘルパーが訪問するのはあくまでも仕事の一貫で「介護保険制度」や「障害者総合支援法」等の「制度」に則り、「報酬を得る」事として訪問しているにすぎない。しかし、利用者は自分のために訪問してくれるヘルパー、「かゆいところ」に手が届くヘルパー、些細なことに気づいてくれるヘルパーに対して、業務以外の特別な感情を抱いてしまうことも珍しくない。

　また、前述した日本の歴史的背景により「介護」は女性の仕事とされてきたことからも、利用者が対価として自己負担金を支払うようになると、あたかも担当をしているヘルパーを雇用している自分だけの「家政婦」だとの誤解を招きやすい。

　利用者宅という密室空間が、利用者にとっては「家族」と同様な感覚に陥り心身共に拠り所を、ヘルパーに求めるようになりやすい。「心の拠り所」とする利用者と、「仕事」としているヘルパーの間には、双方の感情のずれが生じる。そのずれに利用者は気がつかないまま要求が増し、一方でヘルパーは不快感が増していく。その結果、利用者の言動の中で「ハラスメント」が生じやすい。

❷ 訪問介護（ヘルパー）へのハラスメントの実態を事例から検証する

（1）利用者の苦情（クレーム）とヘルパーへのハラスメント

　「ハラスメントを受けました」と発言できるようになるヘルパーは育成過程において、大きな一歩と筆者は考える。

　しかし、一般企業で言われるセクハラやパワハラと、介護現場で起こるものとには違いがある。

　介護現場でのハラスメントの中心となる要因が、利用者であり、身体

の不自由さに悩んでいたり、心の病と向き合っていたり、脳の機能低下に伴い判断能力にかけていたり、何らかの「介護が必要」と認定された要介護者である。そのため、声をあげるには「消極的」になってしまう。

　特に、新人ヘルパーは、利用者宅であるため、その場に居合わせる仲間もなく状況や出来事を自分の「思い込み」や「勘違い」と思われないかと、誰にも相談しにくいことも多い。スキルの自信のなさから、利用者からのクレームだと受け止めてしまうこともある。

　そこで、「ヘルパーへの『ハラスメント』として捉えるのか」という問題に直面したとき、訪問介護事業所の管理的姿勢が問われることになる。

　かつて筆者もクレームなのか、ハラスメントなのか、戸惑う場面に遭遇した。長く管理業務の事務職経験しかなかった筆者が、直接、利用者に関わる在宅介護のヘルパーとして働きたいと職種を転向したばかりのことである。ヘルパー2級を取得し、訪問介護事業所に就職すると、すぐに管理者とサービス提供責任者の兼任となった。

　介護経験がないため、先輩に「排泄介助」の同行訪問をお願いした時のことである。陰部洗浄後、清拭をしていると「もっとよく拭いて」と利用者から言われた。感覚的に「嫌だな」と思ったが、やはり、自分自身のスキルのなさであろうと「クレーム」として受け止めた。

　同行していた先輩が利用者に「どのへんですか？拭き足りないですか？手が届きますか？」と清拭用のタオルを利用者に手渡そうとしていた。利用者は不機嫌そうに「いや、もう大丈夫」と言った。

　その時の先輩の対応に救われる思いがしたが、利用者の態度に一人の人間としてがっかりした。そして、大先輩の対応の中に、凛としたプロとしてのプライドを垣間見た。

　また、管理者である立場で、逆に、利用者からのクレームをヘルパーの対応の悪さではないかと疑ってしまったこともある。

(2) 利用者の要求をうまく「かわす」ことをスキルとしてきた結果

事例

▶あるクレーム

　ある時、挨拶の仕方がわからない、声の聞きにくいヘルパーがいるというクレームがあった。一人暮らしの高齢男性で週3回生活援助で訪問をしている。

　担当は30代後半のヘルパー1名（仮称：相田）と、50代後半のヘルパー2名（仮称：飯塚、牛田）であった。クレーム対象は30代のヘルパーに対してであった。利用者の話では、声が小さく耳が遠いため聞きにくい、他のヘルパーは近づいて話してくれるのだという。

　そこで、改めてヘルパーに確認をしてみると思いもよらないことがわかった。利用者に近づき挨拶をすると、ヘルパーの手をとり、手にキスをしようとするというのだ。

▶明らかにセクハラ

　他2名のヘルパーに確認をしたところ、同様なことが行われているというのであった。そして、その行為に関して、それぞれの対応が違うことにも驚かされた。

　飯塚ヘルパー：手をとられた瞬間に自らもう片方の手で利用者の手を挟み握手をする。

　牛田ヘルパー：コミュニケーションの一つとして手にキスをさせていた。気まずい空気の中で、良い仕事はできないという。

▶利用者を支えるチームとして対応する

　3人とも利用者への接し方に疑問をもっていたのだ。飯塚、牛田ヘルパーも関係性は良好としながらも、自らの支援方法に「気持ち」の沈むことがあったという。そこで「耳が遠い」という訴えのある利用者に、補聴器の作製を提案することにした。担当のケアマネジャーに相談し、サービス担当者会議の開催をお願いした。隣町に住む長女にも参加してもらい、耳鼻科受診に繋げることができた。

▶曖昧な援助方法

　援助にあたるヘルパーの留意事項として、「担当するヘルパーは利用者に補聴器の装着を勧めること」「身体に触れる行為は許さないこと」「なるべく大きな声で明るく利用者と話すこと」を決めた。

　このような事例の背景には、ヘルパーが長年の「コツ」や「カン」で介護を担ってきたことがある。利用者からの不用意な要求を「かわす」ことをスキルとし、時に「赦す」ことでコミュニケーションを図ってきた現実がある。

　しかし、前述のように、「ハラスメント」問題を、一人のヘルパーの「スキル」の問題としていては解決には至らない。専門職としての「介護」を学び、世界初の超高齢化社会を担うヘルパーを育て、持続した介護事業を行うためには、顧客である利用者や家族からのハラスメントを事業所が組織として解決する必要がある。時に事業所として利用者への支援を打ち切るという決断をする勇気も必要なことである。

(3) 行き過ぎたハラスメントでサービス打ち切りに

 事例

▶障害者総合支援法を利用する

　障害者総合支援法を利用する 20 代後半の女性から、毎日事業所に電話がくるようになった。担当しているヘルパーのクレームがあるわけでもなく、サービス提供責任者を名指しに電話があり、毎回、夫との離婚を考えているとか主治医を変えた方が良いかなど、結論には結びつかない話の内容であった。ただ、サービス提供責任者と話がしたいという。

　それから電話だけではなく、その利用者はサービス提供責任者に「会いたい」という気持ちからほぼ毎日事業所を訪れるようになった。事業所はエレベーターのない3階建てのビルにある。階段を登ることのできない利用者は階段下でサービス提供責任者を待っている。1階の店舗から雨の日も風の強い日も悪天候の中で、障害を抱えた女性が座り込んでいるのは見兼ねると事業所に連絡があった。そのため、サービス提供責任者から、利用者にここで待っているのは身体に良くないと話すと態度が豹変した。「私がこんなに好きなのにわかってくれない。みんな逃げていく、死んだ方がましだ」と泣き出した。

　夫に迎えにきてもらい、その場は落ち着いたのだったが利用者の態度は変わらず、サービス提供責任者へのストーカー行為とも思われる「ハラスメント」となっていった。利用者を迎えにきて欲しいと夫に電話をした時、「またか！」とつぶやく声がしたのであった。

▶サービス打ち切りに

　そして、市役所の障害福祉課へ対応策を相談することとなった。併せて利用者の既往歴を確認し主治医に相談したいと申し出た。

　しかし、主治医である精神科医は、福祉課の職員にも訪問介護事業所に対しても守秘義務があり病状や相談にはのることはできないと言われた。そのため、このままではサービス提供責任者に危害が及ばないとも限らないため、障害福祉課に介入してもらいサービスの提供を打ち切ることとなった。

　夫が電話で「またか」とつぶやいた言葉から、介護職としては、もしかしたら、その言動は「病」であり、ならば、対応する方法があるかもしれないという迷いもあった。しかし、ヘルパーの身の危険を感じて、契約書に記載している条文の「契約を継続しがたいほどの重大な背信行為」にあたるとし契約の終了を執行したのである。

❸　事業所と利用者の関係は契約〜２人派遣体制によるリスク回避〜

　介護保険制度は要介護者である利用者が、住み慣れた地域で最期まで安心して暮らせるためにある。医療保険と同様に、本人のためのものではあるが、寝たきり状態にある利用者がサービスを利用するとき、ヘルパーとの関係は家族の意思決定によるものとなる。

　そのため、ヘルパーは家族からのハラスメントと、対峙することになることも少なくない。

事例

▶利用者家族の行動

　今後の医療処置はないという医師の説明から、江藤さん（仮称）家族は自宅での看取り介護を選択した。サービス担当者会議が開催され、訪問看護等医療従事者と訪問入浴や訪問介護のチームで、介護者が長男一人という介護負担の大きい家族介護を支えることになった。

　ヘルパーも1日に複数回の訪問になることや臨時での訪問介護も予想された。そのため、ヘルパーも複数人派遣が予定された。サービス提供責任者として、初めて江藤さん宅を訪問するヘルパーの同行訪問（訪問指導）の回数も多かった。その度に、「看取る」と覚悟をした長男が、いつも隣の部屋にいることが気になっていた。

　ある日、筆者は、管理者として新人ヘルパーの紹介をしたかったので同行訪問した。長男は部屋から出てくる様子がなかった。物品が不足しているのに気づき、声をかけ、隣の部屋のふすまを開けると、テレビを食い入るように見ている長男の姿があった。そのモニターに映し出されていたのは、派遣しているヘルパーの顔だった。

　「ぞっとした！」が、その場は淡々と長男に申し送りだけを行った。援助の終わったヘルパーを帰し、長男になぜカメラの設置が必要か聞いた。理由は、ヘルパーによる介護の方法を学びたいからということであった。「それならば、カメラの設置位置は違う！」と思ったが、それ以上に追及することも怖くなりできなかった。

▶2人派遣体制

　そして、訪問介護をヘルパー2人同時介助に変更した。このよう

な状況下では、ヘルパー2人分の報酬請求はできないが、事業所として長男との信頼関係が危うい中で安心してヘルパー派遣ができないことからのリスク回避であった。

そして、カメラが設置してあることもヘルパーに伝え、「なるべく利用者への声かけは隣の部屋にも聞こえるくらいにすること」「利用者へのケアを一緒に行おうと誘うこと」を提案した。

ヘルパーの滞在中、部屋からでてくることは少なかったが、ヘルパーが2人で訪問していることにより、ヘルパーは安心して安全なケアを提供することができた。

④　訪問介護現場でできるハラスメント対策

(1)　ハラスメントはヘルパー個人の問題ではない

ハラスメントは、ヘルパーのキャリアやスキルに問題があることではない。事業所として、問題を職員及び登録型ヘルパー中心に周知することである。そして、問題が起きれば事業所として対応することを伝えることこそが重要となる。

(2)　ハラスメント対応の組織図を表示する

実際、問題が起きたときに、誰に相談してどのように対処してもらえるのか、ヘルパーは不安である。窓口から対応順序が明記されていることで、ヘルパーはいざという時には頼れるところがあると、安心して支援に従事することができる。ヘルパーが受ける「ハラスメント」を止めるのは事業所である。ヘルパーはあくまでも、制度下において都道府県に登録した事業所から派遣された職員にすぎない。事業所が、組織的に

介入しなければハラスメントは止まらないのである。

(3) 契約書でリスクを避ける

　利用者は事業所を選択し、契約し、サービスを受ける。サービス提供事業所は、利用者と契約してから、利用者の情報を得る。

　ケアマネジャーからの大まかな情報提供があるものの、利用者情報はほとんどサービスが開始されてから得る。利用者の状況や情報というものは、ヘルパーが関わる中で得ていくことが多い。

　介護サービスは、利用者と事業所の契約から始まる。サービスを開始してから、ずれが生じた場合の対処方法を「契約書」で提示しておくことは、ヘルパーにとっても、サービスの利用する側にとっても、しるべとなる。

　筆者は、❸で取り上げた事例のようにヘルパーは業務以外の場所で個人の身に危険が及ぶことがあるという介護現場であることを痛感し、契約書の重要性を改めて実感した。

　現在、ハラスメントについては、契約書の記載事項となっているが、中でも、映像に関してはインターネット上に拡散されてしまう懸念もあるため、具体的に利用者やその家族が映像を撮る際については、どこにカメラを設置しているのか、目的等を事業所側に伝えること、その他に流用しないことを契約として確認しておくことがヘルパーの安全を守る事業所の責任である。

(4) 風通しの良い相談しやすい職場づくりの必要性

　訪問介護事業所の登録ヘルパーは、年齢層が幅広い。管理者やサービス提供責任者は、いつでも誰からでも相談されやすい環境を整えなければならない。また、ヘルパー一人ひとりが専門職であるということを自

覚し、ハラスメントに負けない心で「凛」とした態度で利用者と接することが大切である。

参考文献

・宮下公美子『介護職員を利用者・家族によるハラスメントから守る本』（日本法令、2020 年）
・八木裕子・黒澤加代子・奈良環『よくわかるサービス提供責任者のお仕事入門』（中央法規、2020 年）
・厚生労働省「介護現場におけるハラスメント対策マニュアル」（令和 4（2022）年 3 月改訂）

Column

事業所の取り組み〜2人派遣体制〜

　訪問介護の介護報酬における「2人派遣要件」があることをご存知だろうか。2人派遣要件とは、利用者の体重が重い等、身体の状態によりヘルパー2人分の請求ができる。そして、その他にも「暴力行為が著しく、器物破損など迷惑行為がある場合…」という要件がある。

　筆者が所属する事業所でも、急激に歩行困難となった認知症高齢者の支援では、排泄介助が理解できず、ヘルパーの顔や手を叩いたり、暴言を吐く行為があったため、2人派遣にて支援を行うこととなった。ヘルパーの安心安全を守りながら介護報酬算定につなげたのである。

　「介護」は大変というイメージがある限り、介護サービスの人材が増えることはない。現場の訪問介護に携わる者として、「介護」の魅力を伝える必要がある。

第8章 訪問看護とハラスメント

① 訪問看護におけるハラスメント

　読者の皆さんは、訪問看護にどのようなイメージを持たれているだろうか。まずは、訪問看護について紹介したい。訪問看護の対象は高齢者が多いが、疾患や障害を持つすべての年齢層を訪問している。人工呼吸器を装着したお子さん、難病になった壮年期の方、若くしてがんになった方など、対象となる年齢や疾患は幅広い。また、訪問看護は看護師が1人、単独で訪問するサービスであり、指定訪問看護事業所（以下、訪問看護ステーション）の収入源は、看護師1人が1件訪問する毎に発生する「利用料」で賄われている。そのため訪問がなければ収入はなく、1件の訪問に同時に何人もの看護師を派遣することは経営的に不可能である（複数名訪問看護加算といって、複数名のスタッフで訪問する加算もあるが条件が限られており、後述する）。

　近年、訪問看護の現場でもハラスメントについての関心が高まっており、全国訪問看護事業協会研究事業は、「訪問看護師が利用者・家族から受ける暴力に関する調査研究事業による報告書」を提出した。この報告書によると、調査に参加した訪問看護師の95％が女性であり、全勤務期間中に約半数が利用者・家族からの暴力を経験していた。そして暴力を受けた後の影響として、「仕事に行きたくないと思った」「仕事を辞めたいと思った」と感じた看護師も存在し、ハラスメントを受けた側のダメージの大きさも示唆している。

　そして訪問看護は、看護という医療サービスの特性上、介護事業所だけでなく大小様々な医療機関との連携もあり、ハラスメントやクレームの内容も多岐にわたる。訪問看護の仕事内容が周知されておらず「受診に毎回付き添う」「処方箋を受け取り内服薬を取りに行く」など業務外のことを指示されたり、自宅では解決困難なことを強引に押し付けられたりと、利用者や家族不在の状況でもハラスメントが発生してしまうこともある。

❷　訪問看護師が抱える悩み

　筆者は訪問看護師になる前、大学病院で勤務していた。混合病棟だったが、その中には消化器内科の病床があり、アルコール性肝障害の患者も多く入院していた。一部はアルコール依存症で、入院することで断酒し離脱症状のために大暴れするということもしばしばあった。そのため看護師だけでなく医師も暴言、暴力に遭うことに、ある意味慣れてしまっていた気がする。

　また、長く看護師をしていると、ふいに身体を触られても「はい、別料金がかかります！」などと笑いで返してしまうスキル（？）を身につけ、利用者の家族に暴言を吐かれても「仕方がない」と考え、良くも悪くも嫌悪感をいだきにくくなっていることも事実である。その背景には、認知症の病態生理を考え「脳が萎縮しているから自制心がなくなってしまっている」、疾患による苦痛を理解し「痛みや辛さの解消方法が看護師への嫌がらせだ」、家族支援として「家族は介護にストレスを感じ、看護師に当たり散らしている」とアセスメントするといった、看護師ならではの思考回路が存在していると考えている。また筆者が現在勤務している訪問看護ステーションでは、訪問看護契約書の中にハラスメント

があった場合にはサービスを中止、終了すると明記されているが、実際にハラスメントが発生した場面で「ハラスメントが発生したのでケアを中止します、今後は違う訪問看護ステーションに来てもらってください」ときっぱり伝えて、即刻、撤退することは困難である。それにはいくつかの理由が存在するが、筆者が現場で感じる一番の理由は「おおごとにするのは後々、面倒だから」ということである。訪問看護ステーションを変更する場合には、担当の医師やケアマネジャーにその旨を報告、次に介入する訪問看護ステーションを探し、医師から訪問看護指示書（これがないと訪問看護は提供できず、医療機関によっては依頼してから完成し届くまで数週間かかる）を交付してもらい、利用者、家族が新しい訪問看護ステーションと契約するという手順を踏まなければならない。

　また、撤退する訪問看護ステーションは、次の事業所への看護サマリーを作成し、ケアの申し送り（必要なら同行訪問）も行わなければならない。また、もともと訪問看護が必要で訪問していた利用者や家族のため、撤退が決まっても次の訪問看護ステーションが介入するまでの間、放置すれば命に関わることもある。そのため訪問看護を継続する場合もあり、きっぱりと介入を中止してしまうことは困難を極める。そうなると、多少のハラスメントは笑いに替えたり、ストレスと感じても自分の中で気持ちを切り替えたりした方が楽である、と考えてしまいがちであることに気づいた。

　しかし、それではいけない、私は大丈夫でも他のスタッフは嫌かもしれない。管理者になり、スタッフを守る立場になった今だからこそ、ハラスメントについて考えていかなければならない。いくら訪問看護契約書にハラスメント禁止の文言を入れても、訪問看護の現場では完全にハラスメントを予防することはできない。訪問しているスタッフが少しでも「嫌だな」と感じた時に、すぐに相談できる体制を整え、もし発生し

た場合にはどのように対応したら良いのか、起きてしまった場合の再発しないための取り組みをしなければならないと考え試行錯誤している。次からは事例をもとに、それらを明らかにする。

③ 訪問看護師が受けたハラスメントの事例

（1）利用者からの暴力

事例

利用者：A氏　80代　男性　脳梗塞（左半身麻痺）　認知症
家　族：長男、長男の嫁との3人暮らし

▶状況

　訪問看護師は週2回、状態観察と清潔ケア、介護相談目的で訪問していた。A氏はもともと穏やかな性格だったが、認知症になり暴力行為が始まった。訪問診療の医師はもちろん訪問看護師にも同様で、血圧測定をしようとして殴られる、清拭中にタオルを取り上げ投げつけられる、手首をつかまれて捻られる、出血するほど引掻かれるということは日常茶飯事だった。訪問時には長男の嫁が同席しているがいつも申し訳なさそうで、担当の訪問看護師は「認知症だし仕方がない、大丈夫です」と返答していた。しかし頻回に同様のことが続くため、管理者に相談があった。

▶対応

　相談を受けた管理者は、担当看護師と同行訪問した。家族にも同行理由を説明したが、家族が過度の罪悪感をいだかないよう「Aさんと看護師がお互いの安全を確保できるように」と説明し、状況を確認した。A氏は情報どおり、担当の訪問看護師が何かしようと

すると目つきが変わった。そして隙を見計らって、拳を振り上げて叩いたり、担当看護師が持っているものを取り上げて投げつけるといった行動があり、管理者に対しても同様だった。しかし、家族と他人の区別はつくようで、長男の嫁に対しては若干、態度が穏やかだった。そのため、A氏が自分の意思で動かせる右手を長男の嫁に握ってもらい、声をかけ続けてもらいながらケアを行ったところ、訪問看護師を睨む様子はあっても、実際の暴力行為は減っていった。また万が一、爪を立てられても危険が減るよう、長男の嫁に協力してもらいながら、訪問時に必ず爪切りなど爪のケアを行い、リスクの軽減を行った。

▶再発防止策

　利用者の暴力行為は、認知症などの疾患に起因することが多く、利用者本人に暴力行為をしないよう指示しても効果は期待できない。しかし、利用者にも「身体に触られない権利」があり、必要なケアを行う訪問看護師だとはいえ、看護師側の配慮も不可欠である。認知症があっても、A氏にわかりやすい言葉でケア（血圧を測るので腕に触りますなど）について説明、ゆっくり声掛けをして拒否があったら無理をしないといった対応を行う。また、左半身麻痺で右半身は動かすことができるため、長男の嫁に右手を握ってもらったり、右足の動きに注意するなど、A氏が暴力行為に及ばないような状況づくりも必要となる。つまり訪問看護師側が認知症や脳血管疾患への理解を深め、対応技術の質を高めて予防的関わりをすることが再発防止に繋がると考える。しかし限界はあるため、それでもA氏に暴力行為があり、訪問看護師に危険が及ぶようなら、物理的距離を取ってそばを離れる、場合によってはケアを簡易的に終了することも家族に説明し、事前に了承を得ておく。また、A氏の暴力行

為に対して担当のケアマネジャーに相談、複数名訪問看護加算※を算定し看護師2名体制で訪問することも提案し、A氏へのケアを継続しつつ、訪問看護師の安全確保ができるような方法を調整していくことも一案となる。

※複数名訪問看護加算とは

利用者の身体的理由、暴力行為や著しい迷惑行為が認められる場合など、看護師1名では訪問看護が困難と認められる場合に算定できる。看護師1名の訪問より高い単価となり、利用者や家族の同意も必要である。

(2) 家族からのセクハラ

事例

利用者：B氏　80代　女性　脳梗塞後遺症で寝たきり状態、意識障害がありコミュニケーションは不可

家　族：50代の長男と2人暮らし
長男は会社を経営、在宅ワークが可能で訪問看護の時間は自宅にいる

▶状況

週に2回、訪問看護師が訪問していた。訪問中は長男は必ず自宅におり、パソコンで作業をしていることもあったが、特に問題なく関わっていた。

ある日、担当の看護師が玄関から入るとアダルトビデオの音声が聞こえた。長男がパソコンで動画を観ていたようで、訪問看護師が室内に入ると静止画になっていたが、明らかに看護師の目につく場所に置いてあった。訪問看護師は気味が悪いと思ったが、そ

の日はたまたまだったのだろうと思い、必要なケアを行って退室した。しかし、その日を境に訪問時には必ず同じ状況になっており、担当の訪問看護師は管理者に相談した。

▶対応

　報告を受けた管理者は、状況確認のために担当看護師と同行訪問した。あらかじめ長男に理由は伝えず2人で訪問することだけ了承は得ていたためか、パソコンは閉じられた状況だった。そのため次の訪問では、誰が訪問するとは伝えずに管理者が一人で訪問したところアダルトビデオの音声を確認、長男は慌ててパソコンをOFFにする様子があったため、不快であること、セクハラに当たることを毅然とした態度で伝え、必要なケアを行って退室した。長男からは謝罪があったが、担当のケアマネジャー、訪問診療の医師にも情報提供を行った。ケアマネジャーと対策を相談していたところ、医師より「僕が注意したら平謝りだった、もうしないと約束した」と連絡があった。担当の訪問看護師は「自分にも隙があったのではないか」と落ち込む様子があったが、不快な状況でもケアを行ったことを労い、言いづらい内容でも相談してくれたことに感謝の気持ちを伝えた。担当の訪問看護師に秘密保持（他のスタッフにハラスメントについて開示しない）が可能であると説明したが、「みんなで共有して同じ目に遭わないようにして欲しい」という反応があった。また担当の訪問看護師より、訪問を外れたいという希望があったためスタッフ全員にハラスメントについて共有、他のスタッフにも協力を求めスケジュール調整を行った。週2回の訪問だったため1回は管理者、もう1回もスタッフを固定せずに数人の看護師で週替わりに訪問し、訪問看護ステー

ション全体で担当看護師のメンタルケアを続けた。そして同性、同世代の医師より注意があったことも効果があったのか、長男の不快な行動は一切なくなり、半年後には担当だった訪問看護師自ら「またBさんの訪問に行きたい」と、訪問ができるまでに回復した。

▶再発防止策

意図的なセクハラは初回訪問から始まることは少なく、ある程度の関係性ができ、訪問看護師への慣れが生じてから起きることが多い。また、セクハラをした本人も「このくらいなら」という気持ちで徐々にエスカレートしていく可能性もあり、早期に対応することが重要となる。具体的には「今日はたまたまかもしれない」と思わずに、セクハラが発生した場面ですぐ、毅然とした態度で対応することが求められる。しかし、女性看護師の場合、相手が男性であれば恐怖心を感じることは当然であるため、1対1での状況を避けるよう屋外に出る、その上で訪問看護ステーション（できれば管理者）に連絡するということも必要である。しかし、実際にその場面に遭遇するとパニックになる可能性もあるため、訪問看護ステーション内で対応について定期的に研修を行い、咄嗟に行動できるよう周知しておくことも重要となる。また、ハラスメントを受けた訪問看護師の気持ちが最優先となるが、必要時には訪問看護ステーションだけで解決しようとせず、担当のケアマネジャーや医師、介入している他のサービスへの情報提供を行う、抑止力になるには誰が注意喚起するのか効果的なのかも含めて判断、悪質なケースについては警察や弁護士に相談することも選択肢に入れて対応していく。

（3）精神的ハラスメント：訪問看護開始におけるクレーム、医療機関とのトラブル

事例

利用者：C氏　80代　女性　寝たきりで仙骨部に深い褥瘡
　　　　形成あり
家族　：60代の長男夫婦

▶状況

　C氏は入院中、長男夫婦の希望で自宅への退院の準備をしていた。入院中の医療機関より、C氏の退院に伴い訪問看護の依頼があり、退院前カンファレンスに参加した。C氏には仙骨部にステージⅣ（骨まで達する）の褥瘡があり、毎日のガーゼ交換が必要だった。担当医師からは退院後も毎日の褥瘡処置の指示があり長男夫婦も納得、訪問看護は連日訪問する予定で退院となった。

　退院し、訪問看護初日の訪問看護ステーションと契約時、利用料金（1割負担で30,000円弱／月）について説明したところ、「毎日の訪問看護でそんなにお金がかかるなんて聞いていない、ぼったくりもいいところだ」と長男は立腹された。訪問看護の料金は診療報酬で決まっているものであり、訪問看護ステーション独自で決めているものではないこと、ご家族が処置を習得できれば訪問回数を減らすことが可能であることを説明したが、「ならば最初から家族で何とかします」と訪問看護を断られてしまった。

▶対応（結果）

　入院していた医療機関の退院調整看護師のことを、長男は信頼していた。そのため退院調整看護師に退院後の状況を報告し、長男から連絡があるかもしれないことを伝えた。また、可能なら訪

問看護の料金について説明してもらえないかと退院調整看護師に協力を依頼した。しかし「経済的な問題はないはず」「とにかく褥瘡処置をさせてもらえるように訪問看護師さんで何とかするように」「もう退院してしまったので、話が必要なら長男に受診してもらうように」と退院調整看護師では対応できないの一点張りだった。担当のケアマネジャーが訪問診療の担当医に相談、医師から長男に訪問看護の必要性やケアについて再度説明してもらったが、長男の言い分は変わらず。すると長男がヘルパーに褥瘡処置を強要、C氏の褥瘡は深く、ヘルパーでは処置ができないことをケアマネジャーが説明したところ、ヘルパー事業所も撤退させられ、数日後に長男の希望でC氏は再入院となってしまった。

▶再発防止策

　医療機関や訪問看護ステーションは保険診療であり医療保険制度の適応、また要介護、要支援認定を受けていれば介護保険制度を利用できるが、訪問看護の料金に対するトラブルが存在する。病院で行う手術や点滴などの治療費は（保険診療であれば）事前に「いくらかかります」という具体的な説明がなくても支払うのに、なぜ訪問看護となると「払えない、高い」と言われてしまうのか。病院では治療に看護が含まれた料金であるが、訪問看護では看護単体の料金となるため、馴染みのない支払いなのだろうか。そのような利用料金に対する認識の行き違いを防止するため、訪問看護を開始する際に必要となる訪問看護契約書の中には、訪問看護に関わる料金が明記されており、それを説明し同意を得た上で訪問看護が開始となる。しかし事例のように、退院前に訪問看護契約書を交わすことはほとんどなく、自宅に戻ってからの契約時に「高い！」となってしまうのである。それを防止するためには、とにかく事前に具

体的に説明し了承を得ておくことに尽きる。退院前カンファレンスが開催されなかったり、開催されても訪問看護師が参加しない場合には、退院前に医療機関のスタッフや担当となるケアマネジャーが自宅での生活で必要となる料金について説明しておくことが不可欠である。その上で料金の支払いが困難だったり、納得できない状態にある場合には代替サービスを検討する、生活の場を見直す（やむを得ない場合は転院や施設といった選択肢もあるが、こちらにもそれなりの料金が発生する）などの調整が必要となる。

④ すぐに対処することが重要

　ハラスメントは絶対にあってはならないことである。しかし、訪問看護師がケアを行う利用者には何らかの疾患があり、自宅に訪問するという避けられない密室性や家族の存在、利用者や家族以外にも価値観の異なるたくさんの人と関わらなければならないといった、ハラスメントの引き金になる多くの場面が存在する。

　ハラスメントに対する取り組みを訪問看護契約書に明記したり、事業所としてハラスメントは許さないといった周知を行っても、他者と関わる以上、完全に防ぐことには限界があり、起きてしまったときや予兆があった時点で早急に対処することが重要となる。

　具体的には、病状の理解とケアの工夫で可能な場合には予防的看護を講ずる、研修会や勉強会でハラスメントについての理解を深める、ちょっとしたことでも相談しやすい職場の雰囲気づくりをする、必要時には訪問看護ステーション内だけで解決しようとせずに他職種への支援を求めるなど、日々の勤務の中でも心構えや準備をしておくことが不可欠となる。

　近年、新卒や比較的若い看護師でも、訪問看護ステーションで勤務することも珍しくない。「自宅に訪問するのは怖い」そういった理由で訪問看護師になることを敬遠したり、実際に「嫌がらせを受けた」という理由で退職者が出てしまうことは、訪問看護師の減少につながりかねない。利用者や家族、他事業所がハラスメントの加害者とならないような取り組みを行い、訪問看護師が安全に、そして安心して訪問できるようにすることが求められる。

参考文献

・一般社団法人全国訪問看護事業協会「平成29年度・平成30年度全国訪問看護事業協会研究事業　訪問看護師が利用者・家族から受ける暴力に関する調査研究事業報告書」（平成31（2019）年3月）
・公益社団法人兵庫県看護協会「平成29年度兵庫県訪問看護師・訪問介護員安全確保・離職防止対策事業　訪問看護師・訪問介護員が受ける暴力等対策マニュアル」（平成30（2018）年3月）
・厚生労働省「介護現場におけるハラスメント対策マニュアル」（令和4（2022）年3月改訂）
　https://www.mhlw.go.jp/content/12305000/000947524.pdf

第9章 ケアマネジャーとハラスメント

1 ケアマネジャーの特性

(1) ケアマネジャー業務

　「ケアマネジャー」「ハラスメント」、このキーワードで考察していく上で、まずはケアマネジャーについて述べていきたい。

　ケアマネジャー業務は、「マネジメント」である（図表9-1）。そのケアマネジメントのゴールは、利用者が有する能力に応じ、自立した日常生活を営むことができるようになることである。また、利用者の尊厳の保持、利用者の基本的人権・利益を擁護していく役割もある[1]。

図表9-1　ケアマネジメントの業務プロセス

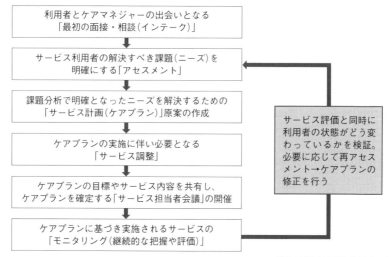

利用者とケアマネジャーの出会いとなる
「最初の面接・相談（インテーク）」
↓
サービス利用者の解決すべき課題（ニーズ）を
明確にする「アセスメント」
↓
課題分析で明確となったニーズを解決するための
「サービス計画（ケアプラン）」原案の作成
↓
ケアプランの実施に伴い必要となる
「サービス調整」
↓
ケアプランの目標やサービス内容を共有し、
ケアプランを確定する「サービス担当者会議」の開催
↓
ケアプランに基づき実施されるサービスの
「モニタリング（継続的な把握や評価）」

サービス評価と同時に利用者の状態がどう変わっているかを検証。必要に応じて再アセスメント→ケアプランの修正を行う

出典：WAM NET（ワムネット）

　ただ、利用者自身は要介護状態で身体能力の低下に加え、認知機能の低下、意欲の低下もあり、相談することもままならず、自分の意思を伝えることが難しい場合もあり、課題（ニーズ）の設定に苦慮する場面も多い。その場合、家族が利用者本人に代わり、ケアマネジャーに相談し、希望を伝えることとなる。ケアマネジャーは、利用者本人の言動からもしくは、家族が代弁する利用者本人の状態像から課題（ニーズ）を導き出し、その上で家族自身の介護に関する悩みの相談にも応じることが求められている。

(2) 自分たちの尊厳や基本的人権

　多くの情報から利用者それぞれの尊厳を保持し、基本的人権を擁護する必要があるため、ケアマネジャーは本当に勉強熱心である。また、真面目で、人の役に立ちたいと志高く業務にあたっている。ケアマネジャー向けの勉強会や研修でも権利擁護や虐待防止、認知症に関すること、プライバシー保護についてなど、利用者（家族含む）の尊厳を守ることにフォーカスした内容が多い。そのため、利用者の尊厳や基本的人権・利益の擁護のみにフォーカスしてしまい、ケアマネジャー自身が自分たちの尊厳や基本的人権への興味関心が薄いのが現状である。

　さらに、ケアマネジャーとなるには、介護福祉士などの国家資格に基づく現場業務の実務経験が最低5年間必要（図表9-2）であるが、最近まで介護現場では自分たちが「ハラスメント」を受けているという考え方はほとんどなく、ハラスメントと気づかぬままに耐え忍び、受け流し、いかに上手く取り繕い、あしらうことができるかが介護職員の能力であり、利用者（家族）の希望や困りごとに寄り添う良いことだとの評価を職場で受けてきた風潮もあったように思う。

　その環境で5年間ひたすら真面目に実務経験を積み上げ、ハラスメン

トへのある種の耐性を身につけた上でケアマネジャーとなり、ケアマネ
ジメント業務を行っているのが、現状ではないだろうか。

図表9-2　実務経験を満たす受験対象者であること

区　分	業務内容（具体的な職種）	実務経験
（ア）	該当する国家資格等に基づく業務に従事する者 別表1	通算して 業務期間：5年以上 かつ 従事日数：900日以上
（イ）	該当する相談援助業務に従事する者 別表2	

大阪介護支援専門員協会ホームページ：受験資格（第25回試験）より引用
http://www.fine-osaka.jp/jigyou/cm-test/s-2.htm

　つまり、ケアマネジャーの特性として、自分たちがハラスメントを受
けているという意識は低く、ハラスメントをハラスメントとも認識せず、
一方通行的な利用者（家族）の要望要求を課題（ニーズ）と捉え、業務
を行ってしまっている場合も少なくないと考える。守るべきは利用者
（家族）であり、守る側の私たちは自分たちが被害を受けるはずがない
とする傾向が強い。そして利用者（家族）からの訴えにはどんな形でも
応じなければならないという思考に陥りやすい。

　そのため、本来ケアマネジャーの業務ではないことに応じてしまうと
いうことも少なくないのではないだろうか。また、ハラスメントだと感
じてしまうのは職場で能力がないと評価されてしまうことにつながり、
ケアマネジャー自身が「できない自分」になりたくないと頑張り過ぎて
しまっているということも考えられる。

❷　ケアマネジャーとハラスメント

（1）ハラスメントと認識していない

　ケアマネジャーの特性として、ハラスメントと認識していないこと（認
識しないようにしていること）は多い。しかし、やはり利用者（家族）

との関係性に悩み「バーンアウト」してしまうケアマネジャーもいる。一人親方と揶揄されやすい業務であることから、事業所内で他のケアマネジャーからフォローしてもらいにくいという現状も大きな要因であるとも感じる。前述したとおり、業務以外のことに追われ、仕事とプライベートの区別がつかなくなるということもある。

　そのため、離職率は高く、職員が定着しにくい。ケアマネジャー受験者数の減少が物語るとおり、ケアマネジャーの仕事は大変なものだという世間のイメージもすっかり定着し、ケアマネジャーはなりたい職業ではなくなってきている。いや、すでになっている。

　まもなく、深刻なケアマネジャー（介護職員）不足は間違いなくやってくる。居宅介護支援事業所も、ケアマネジャーが安心して働くことができる職場環境を求められており、近年ハラスメントへの関心が高まりつつあった。2021年度の介護報酬改定でハラスメント対策が義務化されたということは、これからやってくる深刻な人材不足への歯止めとなる対策を立てるための重要な分岐点となるのではないだろうか。

　では、ケアマネジャーが受けるハラスメントとは、どんなものであろうか。厚生労働省の調査によれば「精神的ハラスメント」の割合が高い。次いで多い「身体的ハラスメント」や「セクシャルハラスメント」の2倍近い割合となっている[2]。

　これはケアマネジャーに限らず、訪問系サービスで「精神的ハラスメント」の割合が高い傾向にあるが、ケアマネジャーは直接介護（身体に触れる介護）を行う業務ではないことから特に重要であると考え焦点を当てていきたい。

　「ケアマネジャー」と「ハラスメント」、筆者が思うまま一言で表すと「ケアマネジャー自身の人間性（人格）の否定」、これに尽きるのではないだろうか。

(2) 事例から考える① ～パワハラ～

 事例

利用者：Ａさん（60代後半、男性、要介護２）独居

▶ケアマネジャーへの精神的ハラスメント

　Ａさんから直接相談の電話があり、他事業所のケアマネジャーからの引継ぎケースである。訪問介護のサービスを紹介してくれないと本人の訴えがあった。元ケアマネジャー（男性）に事情を聞くと、事業所を選定し、紹介するもサービス提供になかなか繋がらない。理由は、希望時間にサービス提供が難しい、又はサービスの担当者と相性が悪いなどＡさんが断ってしまうとのことであった。

　そして、ケアマネジャーへの不満もモニタリング訪問時や電話でたびたびあり、ケアマネジャー交代を本人が申し出た。その際、ケアマネジャーを紹介してから交代しろと依頼されていたため、地域包括支援センターなどにも相談しながら探していたがなかなか見つからずにいたところ、こちらにつながった。

　引継ぎのため、両ケアマネジャー二人で訪問。その訪問時にサービス事業所と顔合わせも行う。参加者は訪問介護事業所のサービス管理責任者と、福祉用具専門相談員。訪問介護による入浴介助を希望されているが、生活援助のサービスをすでに提供している訪問介護事業所では希望時間に対応できる人員がいないとその時に聞き取る。

　訪問介護事業所を複数箇所選定し、また、課題から通所介護の提案も行う。本人が通所介護を希望され、体験利用を経てサービス利用開始となったが、すぐに「通所の職員の質が悪い」と利用

中止される。ケアマネジャーが訪問し事情を聞くと「対応が悪い。自分の言いたいこと、好きに話もできない」と話され、具体的にどんな対応だったか質問するが「介護が必要な人間を大事にしない。他を探してくれ」の一点張りであった。通所介護に確認すると、利用日時の変更に都度対応して欲しいと言われ、その対応が難しいと答えたことが原因ではないかとのことであった。

　他の事業所を探している間、ケアマネジャーの事務所や携帯に毎日電話してこられ、事務所に居る他のケアマネジャーにもＡさんが大きな声を出しているのが聞こえてくるようになった。

　そのころ、曜日や送迎時間など条件が合わず、まだ通所の選定ができていない状況であった（この時点で、通所介護を止めてから一週間ほど）。

　ケアマネジャーより次の引継ぎ先を探して欲しいと管理者に相談。引継ぎ時からの経過を聞き取る。電話については、最初は「通所を見つけて欲しい。あんたが頼りや」と話されていたが、日に日に「介護が必要な人間を待たせるお前は非常識だ。そんな風だから結婚もできないんだ。希望どおりにできないなら、ケアマネジャー交代しろ。次のケアマネジャーをすぐ探せ。見つけてから辞めろ」と言われた。ケアマネジャー本人は、「交代はしょうがない。通所介護の利用に上手くつなげることができない自分も悪いから仕方がない、どこか引継ぎ先を探して交代しようと思った」と話す。

　前担当ケアマネジャーからの引継ぎ時から、管理者はケアマネジャーへ状況確認を行っていたが、ケアマネジャーは自分から管理者へ相談するまで「Ａさんは少し気難しいですがなんとかなっているので大丈夫です」と話していた。業務時間外の電話にもそ

都度対応していたこともその時に明かした。

▶管理者とケアマネジャーとでAさん宅へ同行訪問

本人から管理者へ、「結婚できないようなやつだからあいつは役に立たない。介護が必要な人間を助けるのが仕事だろ。そのケアマネジャーを土下座させろ」と要求があった。サービス利用再開できていないことで困り事が解決できていないことへの謝罪と現状ケアマネジャーがサービス事業所を探している説明をしたのち、土下座はさせないことを伝え、ケアマネジャーを退席させる。「お前が代わりに土下座しろ。お前が担当するか、代わりを探せ」と繰り返される。

その合間にも担当ケアマネジャーの容姿などを批判する言動があった。個人のプライベートなことは言わないで欲しいことを改めて説明した。また、土下座の要求には応えないとも伝えた。今の言動を続けられると、ケアマネジャーとして担当を継続できないことも伝えるが、要求を繰り返され、語気が強く声も大きい。契約の継続が難しい事由と判断し、契約解除となることを伝える。「介護する人間がそんなことしていいのか？次のケアマネジャーを見つけてこい。弱い人間に対してそれは虐待だ。警察を呼ぶぞ」など話し続けられるが、契約は終了する旨を伝え、訪問介護や通所介護、ケアプランセンターの事業所リストを渡し、自由意思で事業所を選べることを伝え退席した。訪問介護、福祉用具や地域包括支援センターへは契約解除となったことを報告。Aさんには契約解除の書面を改めて郵送にて交付した。

▶予防策

今回のような事例を発生させない予防策として次が挙げられる。

・契約時には管理者などが同行し、契約内容（契約解除）の説明
をしっかり行う。

・別紙などで具体的にできないことを伝える。

・ケアマネジャーの役割を契約時だけでなく、都度伝える。

・ケアマネジャーにハラスメントへの対応方法の教育を行い、事
業所の体制を構築する。

・地域で（地域包括支援センター、事業所で）事例として情報共
有する。

▶後日談

　介護保険課にＡさんから「○○ケアマネジャーは困っている利
用者の相談を無視して一方的に契約解除を行った。」と苦情として
連絡があったと、管理者へ介護保険課から状況確認の連絡があっ
た。経過の説明と、契約解除後も管理者の携帯メールには人権の
侵害だという内容や性的な内容が送られてくるが、こちらからは
何も返信せずにしていることを報告。

　介護保険課もＡさんのことは把握していたようで、状況の確認
のみのやり取りの後、介護保険課からは契約解除に対して、否定
も肯定もできないが、一般的には、現在も継続している管理者へ
のＡさんからの連絡に対しては、対応する必要はないということ
で管理者と介護保険課とのやり取りは終了した。

　数日後、近隣のケアマネジャーより「Ａさんから事業所へ直接
TEL にて相談があった。契約を打ち切られたと言っている。理由
を教えて欲しい」と連絡があり、経過を説明した。また数日後、
他の近隣ケアマネジャーから同じような連絡があり、同じように
経過を説明した。またまた数日後には後から連絡があったケアマ

ネジャーから、「とにかくどんな人であれ、困っているようだから依頼を受ける」と連絡が入った。その後、福祉用具事業所から、「自分たちは改めてＡさんに契約内容などを説明し、Ａさんの状況に変化がみられなければ契約解除も考える」という連絡もあった。

　３か月ほど、Ａさんから管理者携帯メールに度々連絡はあったが、半年経過するころには連絡はなくなった。それ以降のことはこちらも把握していないが、同じような経過を繰り返しているのではないかと筆者は想像している。

　これはハラスメントとわかりやすい事例である。そうであるにも関わらず、担当ケアマネジャーも福祉用具事業所も、暴言や無茶な要求を受け入れようと努力し、甘んじてハラスメントを受け入れてしまっていた。ここに介護業界の「支援する側と、支援される側」というある種の上下関係、主従関係のようなものがあると問題の根深さを感じずにはいられない。介護保険は契約によって提供されるサービスである。対等な立場であるにも関わらず、無条件に、無意識に、支援する側は自分の人格や尊厳を守ることを放棄してしまっているのではないだろうか。訪問介護事業所は、こちらの引継ぎ時から、契約解除の際にも「私たちは大丈夫。私たちが断れば、Ａさんは生活できなくなる。」と一貫していたのである。

❸ 訪問介護事業所が受けたハラスメント被害についてのマネジメント

（1）ケアプラン作成

　利用者へ提供される支援は「ケアプラン」に要約されている。そのケアプランを作成するのがケアマネジャーである。ケアマネジャーは、利

用者の心身の状況等に応じ、利用者本位の適切なサービスを受けることができるようケアマネジメントを行い、ケアプランを作成する。そのケアプランに基づき、サービス事業者が利用者へ直接支援を行うという関係性がある。そのため、ケアマネジャーはケアチームの要という立ち位置となっている。

　要は、ケアマネジャーが担当せず、ケアプランがないとサービス事業所はサービスを提供できないということである。ただ、ケアマネジャーを含め、介護サービス事業者は利用者と個々に契約を締結しサービス提供を行っているということは忘れずにいただきたい。ケアチームの要であるケアマネジャーは、利用者が必要なサービスにつながるために各関係機関との連絡調整を行っていく。

　また、ケアマネジメント業務には、最低月に1回の利用者宅へのモニタリング訪問があり、サービスの実施状況の確認や把握を行うとともに、各関係機関からの報告を受けている。ケアマネジャーからサービス事業所へ情報提供を行うなどの連絡も欠かせない。そのため、利用者（家族）と関係者とのトラブル時にももちろん連絡が入ることとなるのである。

(2) 事例から考える② ～セクハラ～

🔖**事例**

利用者：Bさん（70代、男性、要介護3）
▶ヘルパーへのハラスメントの把握

　ヘルパーから、Bさんが性的な発言や、必要以上に触れてくるような気がすると訴えがあり、訪問介護の管理者が利用者本人に確認したが「そんなつもりはない、気のせい」ということであった。一旦男性ヘルパーに交代し、しばらく対応した。人員が追いつか

ず再度女性ヘルパーも訪問するようになった。女性ヘルパー2名と男性ヘルパーと交代で対応するとし、その3名に状況を聞くと、2名（男性1名、女性1名）は「冗談で聞き流している」という対応だが、1名は不快で訪問するのが辛いとのことであった。

聞き流している2名のうち女性のヘルパーも、「身体を触られているような気はするが、身体介助が必要なため、こちらも触らないわけにはいかない、そこはしょうがない」と話す。

訪問が辛いと話す1名が抜けてしまうと、予定のサービスが提供できない。他の事業所にもお願いできないか、また、このような言動に対応できるヘルパーが見つかればサービスを提供できるが、対応できるヘルパーがいなくなるとサービスを継続すること自体が難しいと、この段階で、訪問介護事業所の管理者よりケアマネジャーへ報告、相談があった。この相談があるまで、ケアマネジャーはこの件を知らなかった。

▶対応

Bさんから聞き取った結果、「そんなつもりはなかった」「相手も冗談を言うなど楽しそうだった」「ヘルパーが交代したりするのは予定が合わないからで、予定が合う人で対応すると聞いていた」とのことだった。ケアマネジャーと訪問介護事業所とBさんの認識を確認し合う。

Bさんは嫌がっているヘルパーがいたことに気づいていないことをケアマネジャーから訪問介護事業所へ報告した。また、Bさんの言動を受け入れてしまうだけではハラスメントを容認してしまうことになるのではないかと意見交換をした。訪問介護事業所として、サービス提供時に困ることをケアマネジャーも同席のも

と本人へ伝えて欲しいことを伝えた。本人へ説明（事業所とともに）、話し合った。

　性的な言動は男女関係なくやめて欲しいことを伝え、また、どういう言動をやめて欲しいのかを具体的に伝えた。Bさんも話の内容に納得し、以後言動には気を付けると約束してくれた。また、Bさんからは、気づかずに不快にさせたときは教えて欲しいと訪問介護管理者へ伝えた。

▶説明内容
説明内容は以下のとおりであった。

・それぞれのサービス提供事業所毎に、契約時には契約解除にあたるハラスメントについて、具体的に説明を行う。
・サービス利用中、何かそう感じる言動がある際は、サービス事業所側の姿勢として本人にきちんと都度説明を行う。
・ケアマネジャーと事業所でその都度情報共有を行う。

▶後日談
本人が理解し納得したことで、その後のサービス提供は継続できた。「ハラスメントではないか？」ということが再度起きた時にはその都度ヘルパーや事業所で確認し、本人も含め話し合い解決できるようになった。また、ケアマネジャーにも情報共有することで、ケアマネジャーからもBさんへ都度説明し、サービス利用を亡くなるまで継続できた。

前述しているとおり、介護保険サービスは提供するサービス事業所が個々に契約を締結しているが、ケアマネジャーはサービス利用における連絡調整役、ケアチームの要であることから、このような相談は日常的

によくあるのではないだろうか。しかし、個々のサービス事業所が利用者と直接契約している以上、それを継続できるか解除するかどうかはケアマネジャーが判断することはできない。

　ただ、利用者の状況を俯瞰して全体像を把握していく必要はある。その役割を担っていることから、ケアマネジャーがハラスメントについて関心を持ち、利用者へも個々のサービス事業所へも説明していく必要はあるのかもしれない。

④ ケアマネジャーができるハラスメント対策

(1) ハラスメントが生まれやすい環境

　ハラスメントは絶対に許してはならない。ただ、人と人が物理的にも精神的にも近距離で接触し、自宅という超プライベート空間である以上、ハラスメントが生まれやすい環境であることはいうまでもない。それは、直接介護を行うサービス事業所であろうと、ケアマネジャーであろうと同じである。

　利用者（家族）からケアマネジャーを見たとき、介護が始まり、自分自身が辛いとき、困っているときの緊急事態にとにかく何でも話を聞いてくれる、手を差し伸べてくれる人と見えるのかもしれない。何をどういう形で手を差し伸べてくれるのかまでは、自分自身が辛いときや緊急事態に考えることは難しいのかもしれない。ケアマネジャーはほとんどの場合一人で担当し業務を行うことから、よりその担当ケアマネジャーの人間性を注視してしまうのかもしれない。

(2) 人を助けたいその一心

　ケアマネジャーは、単純に困っている人を助けたいその一心で、内容

問わず業務時間外の電話や訪問に対応していないだろうか。希望どおりのサービス提供の予定を組めないからと、ケアマネジャーが買い物に行ってはいないだろうか。または、こんなに困っている人を助けている自分に、ケアマネジャーの存在価値や達成感を得ているということはないだろうか。そうすることで、言ったとおり、要求どおりにしてくれる人なのだと、ケアマネジャー自身が勘違いさせてはいないだろうか。

　例えば、利用者家族からの、「○○に困って相談しているが、まだサービスが開始されない。早く何とかして欲しい。」という要望に対して、手っ取り早くケアマネジャー自身が動くことで要望に応えてはいないだろうか。そうすることで利用者（家族）を満足させてはいないだろうか。満足させることができたとケアマネジャー自身の満足に繋がっていないだろうか。それが当たり前になると、「なんとかするのが仕事だろ！それができないケアマネジャーはケアマネジャー失格だ！」というハラスメント的な発想に繋がりやすいのかもしれない。最初は感謝こそされていたかもしれないが、ケアマネジャー失格と言われる頃には、なんでもやり過ぎてケアマネジャーの体力も気力もなくなってきてしまう。

　サービス利用に繋がっても、このハラスメント的な発想ではサービス事業所へもハラスメント行為を行う可能性は高い。そうなることで、ケアマネジャーもまたその間に立ち、対応に追われることになるという悪循環が起こる。体力も気力もなくなってしまっているケアマネジャーでは、退職に繋がることも考えられる。

(3) ケアの入り口

　ただ、逆に介護現場のハラスメント対策ということを考えたとき、ケアの入り口であるケアマネジャーが、利用者（家族）の尊厳を保持することや、基本的人権を擁護することと、要望どおり手を差し伸べ、ただ

ただ与えることには大きな違いがあることに気づき、ケアマネジメントを行っていくことができればハラスメントの抑制につながるのではないだろうか。

そもそも、「早く何とかする」ことが役割ではない。なぜ○○に困っているのか、なぜ早くと急いでいるのか、その求めるサービスの必要性や切迫性についてもっと目を向け分析する必要があり、それが役割である。また、その役割を果たし、課題（ニーズ）を導き出すことができればケアマネジメント本来の価値を発揮し、利用者（家族）も自立した日常生活へ一歩近づき、ケアマネジャー自身の仕事のやりがいや満足度にもつながると筆者は考えている。

⑤ 悪質なハラスメントは一部

そもそも、本当に悪質なハラスメントを行う利用者（家族）は、ほんの一部であり見つけやすく対処もしやすい。ほとんどの方は善良である。ケアマネジャーもまた、大多数は善良である。大多数が善良であるが故、ハラスメントという認識ができず、対策がなかなか進まなかったということもあったかもしれない。ただ、私たちはハラスメントを受けていたのだということに気づき、すでにケアマネジャーも2021年度の介護報酬改定でハラスメント対策に動き出している。ケアマネジャーがハラスメントを認識し、行動していくことが、介護業界でのハラスメントに歯止めをかけ、また、今からやってくる介護業界全体の人材不足という暗い現実をも払拭することができるのではないか、という期待をしたい。

注

1）一般社団法人日本介護支援専門員協会「日本介護支援専門員倫理綱領」
　　https://www.jcma.or.jp/wp-content/uploads/2018/12/rinnrikouryou.pdf
2）厚生労働省「介護現場におけるハラスメント対策マニュアル」（令和4（2022）
　　年3月改訂）
　　https://www.mhlw.go.jp/content/12305000/000947524.pdf

第10章 ソーシャルワーカーとハラスメント

1 ソーシャルワーカーが実感する介護現場におけるハラスメント

(1) 表出化した「介護ハラスメント」

　介護現場におけるハラスメントは、以前から隠れた問題として存在し、近年では多くの調査からその存在が表面化し社会問題化している。

　実際に筆者も介護に従事していた頃、利用者の介護の中で嫌な思いを抱えたことが少なからずある。しかし、介護従事者の「病気がそうさせているから仕方がない」という諦めや、ハラスメントであってもどこからがハラスメントであるのか判断が難しいこと、「施設」や「在宅」という閉鎖的な空間に加え、「ハラスメント」という認識が薄かったその時代や組織の風潮もあり隠れた問題とされていたように思う。

　利用者や家族からの「介護ハラスメント」と呼ばれるものは身体的暴力、精神的暴力、セクハラと様々である。とりわけ特別養護老人ホーム（以下、特養）は重度利用者も多いが認知症高齢者や精神疾患を患う利用者も少なくない。認知症高齢者から「新入職員時代に男性の利用者からおしりを触られ、嫌な気分になった」という女性職員や、「利用者に叩かれ、怖い思いをした」「新入職員に介護をさせない」等、利用者への介護提供過程の中で苦慮しているハラスメント事例は今も昔もなくなってはいない。

(2) 利用者・家族からの介護ハラスメント

　「介護ハラスメント」と呼ばれる行為は「認知症」や脳の機能低下に
よる「判断能力の欠如」が要因であることが多く、その結果利用者自身
が混乱し、介護職員への暴力や暴言がいわゆる「介護ハラスメント」と
して表れることが多い。特に介護提供の場面は、入浴や排泄介助という
身体的関わりが多く、認知症高齢者にとっては「何をされるのか」とい
う不安感、不快感から拒否反応として発生することもあるだろう。認知
症の進行や、身体面・精神面の不調が介護スタッフへの暴力や暴言に繋
がることも少なくない。

　また、介護施設では利用者からのハラスメントだけでなく、利用者家
族からのハラスメントも存在する。特養は日々の生活の中の些細な問題
から家族関係に至るまで、取り扱う課題が多岐にわたる。特にソーシャ
ルワーカーは家族への介入が多い職種である。例えば、家族からのサー
ビス範囲を超えた要望や、介護職員への高圧的態度等についての対応、
ソーシャルワーカーや相談援助職が家族からハラスメントを受けること
もある。

　ここでは特養のソーシャルワーカーとして、利用者・家族からのハラ
スメントを扱う場合や、対応策、予防的視点とともにソーシャルワーカー
がハラスメントに対して果たせる役割について事例を用いて考察してい
くこととする。

❷　ハラスメントの線引きが難しいケース

(1) 事例から考える①　〜特定のスタッフに対する拒否反応〜

　ここでは実際に介護現場で起きた事例を用いて説明する。特定の新入
職員と女性職員の移乗介助を断り続ける利用者の対応に苦慮したケース

である。なお、事例においては個人情報保護を考慮して実際のケースを
参照としながらも、かなり脚色していることを申し述べておく。

📎**事例**

利用者：Ａさん　女性　79歳　要介護度4
▶状況

　神経系疾病を患っているＡさん。進行性の病気で歩行は不可の
ため、トランスファー（移乗介助）を必要とする。施設入所者の
中でも若い年代であり、生活全般にサポートは必要であるが、自
らの要望は訴える事ができる。

　移乗介助時、特定の新入職員と女性が介入することをひどく嫌
う。本人は新入職員がトランスファーを先輩職員見守りの下行う
も「嫌なのよ」と言い介護職員の首に手をまわすなどの協力動作
を行わず、トランスファーがスムーズにできない。

　ベテランスタッフや、男性スタッフがトランスファーを行う際
には協力動作はあり、スムーズに移乗はできている。特定の新入
職員及び女性スタッフは介助の都度拒否されるため、また、説明
して行おうとするが、危険を伴うため他スタッフを呼び対応して
いる現状があった。

　特養はローテーション勤務であり、特定のスタッフのみがトラ
ンスファーをするという対応は継続できないこと、また都度利用
者から拒否をされ他スタッフを呼びに行くことに対し、劣等感か
らか新入職員の精神的負担と自信喪失が見られはじめたため、施
設で対応を検討することとした。

(2)「介護ハラスメント」への対応ポイント
ア．ハラスメントの要因

　ソーシャルワーカーとしての視点から考えるハラスメントへの予防、対応のポイントを挙げる。

①施設内サービスのできること・できないことを明確にして本人・家族へ都度伝える。
②問題が発生した場合の早期発見・早期対応の体制を構築する。
③認知症の進行や疾病について情報収集し、必要に応じて関係職種と連携する。

　先の事例では、ハラスメントの線引きが難しい。はじめに「嫌だ」という利用者の要望どおり、つまりＡさんの言うとおりに対応していたことが要因として挙げられる。利用者からの要望を聞くことは、介護の中で大切である。ケアプランと言われる施設サービス計画書では利用者の意向が重要視され、介護スタッフは利用者・家族の要望に対し、可能な限り意向に沿いたいという姿勢を示すだろう。しかしこの場合、特定のスタッフのみが介護を行うことができないことに拒否が見られ始めた時点で利用者に説明しておくべきである。特に認知症症状のない利用者に対し、ソーシャルワーカーは日頃からわかりやすく丁寧な説明や工夫をしておくことが必要である。

　次にスタッフの「いつか解決するだろう」「いつか受け入れてくれるだろう」という思いと、「病気もあり、仕方ない」と新入職員と女性介護スタッフが我慢をしていたことがＡさんの介護ハラスメントをエスカレートさせた要因と考えられる。

　最後に介護スタッフに「ハラスメント」の認識がなかった事も要因で

ある。

イ．線引きが難しいのはなぜか

「介護ハラスメント」を受けた、又は生じる恐れがある場合、注意しなければならないのはハラスメントとすぐに特定せず、対象者（この場合Aさん）の体調変化や最近の状態についてソーシャルワーカーは確認する必要がある。施設入所者は身体的介護を必要とする方や、認知症など様々な疾病を抱えている。それゆえ、体調変化や服薬の変更、認知症の進行がこのような言動・行動を引き起こす要因となっている場合もあるため、当該利用者の状態観察や情報収集を行い、医師との連携を検討しておくことが必要である。また、日頃から利用者の情報収集及び介護スタッフと連携を意識しておくことがソーシャルワーカーには求められる。なぜなら、生活歴に起因する問題やサービスに対する心情を介護スタッフが聞いていることも多く、早期発見に繋がりやすいからである。

予防的視点として初期の段階で利用者に説明をしておくこと、「このような行為が見られた」という連絡を家族にしておくことも必要である。事例のAさんに、認知症の症状はなく服薬の変更や直近の体調変化も認められなかった。そのためハラスメントに対する対策として、関わり方やコミュニケーションの見直しを含めカンファレンスを行い、周知した。

Aさんへの対応として、新入職員と特定の女性職員の介助時に「何が嫌であるのか」「介護上の不安があるのか」を介護主任とソーシャルワーカーが確認した。ハラスメントに対する事実確認では1人で対応するとさらなるハラスメントや、苦情に発展する可能性があり、複数のスタッフで対応することがトラブル回避に繋がるからである。特に暴力行為のある利用者に対しては複数のスタッフの対応が安全確保に繋がる。同時にソーシャルワーカーがハラスメントに対応する場合「第三者」という視点で関わることも重要なスキルである。

　Aさんには新入職員と女性職員を嫌がる明確な理由は確認できなかったため、「施設で可能な対応」として特定のスタッフだけが介助する事はできないことを説明し、納得をいただいている。結果としてAさんは徐々にトランスファーを受け入れ、その後問題なく経過している。

　本事例のような線引きの難しい「介護ハラスメント」は問題の長期化やスタッフのメンタル面の不調から発覚し、顕在化しない場合が多い。なぜなら、他スタッフで対応できることでその場は解決し、「いつか解決するから様子を見よう」という介護現場特有の「様子観察」があるからだろう。また、一つひとつハラスメントの線引きをし、解決するのが難しいという事業所の風潮が少なからずある。

　先の事例のように介護スタッフにハラスメントの認識がないような場合、経過や介護方法を介護スタッフとともに振り返る場面を意図的に作ると効果的である。ソーシャルワーカーは利用者の相談に応じるだけでなく、身体状況や生活背景、サービス利用時の心情を把握し様々な職種のスタッフと介護や利用者の生活、業務内容について相談しあえる存在である。日常の利用者との関わりから、ハラスメントか否かのケースを積み重ねて検討していくことが事業所内の早期の情報共有に繋がる。

❸　利用者家族からのハラスメント

（1）事例から考える②　～過度なサービスを求める利用者家族～

　介護施設における「介護ハラスメント」は利用者からだけではない。介護現場は利用者家族との関わりも大きい。施設は在宅と異なり、介護サービスを追加しても金銭的負担は増えないいわばパッケージケアである。介護保険制度や施設における介護を理解しておらず、介護職員は何でもやってくれると家族が誤解し、利用者家族が「ハラスメント」を無

意識に行っている場合もある。以下がそのようなケースの一例である。

> 📎 **事例**

> 利用者：Bさん　女性　85歳　要介護度3、
> 家族：長男　就労中、重度認知症利用者への過度なサービ
> 　　　スを求める家族

> ▶**状況**

> 　Bさんは認知症を患っており、日中はフロア内を徘徊して過ごしている。自分のものと他人の物の区別ができないゆえ、ほかの利用者の居室から時計や鏡を持ってきては居室に隠してしまう。そのことにより他利用者とのトラブルが絶えない。ご家族である長男にそのことをお話しするも「母がそんなことをするのは介護に問題があるからだ。良く見守っていないからそういうことが起こる。きちんと介護すればそういった問題は起こらないはずだ」と暴言を吐き、連絡した介護スタッフに対して連絡は他の人からにしてもらいたいと言い電話を切った。その後も該当スタッフが電話に出ると「他の人と話したい」と言い取り合わない。介護スタッフはBさんの対応に苦慮し、家族にも連絡できない状況となり、施設で対応することとした。

(2) ハラスメントであるのか、苦情であるのか

　家族からの要望に対し、「苦情」であるのか「ハラスメント」であるのかを判断することが前提である。「ハラスメント」とは自己中心的で理不尽な要求や威圧的な言動による苦情のことを言い、本事例の場合、Bさんに対する事業者の対応及び介護者のスキルは関係なく、ご家族からのハラスメントであると言えよう。その場合、ソーシャルワーカーと

してその背景に何があるのかという視点を意識することが求められる。

　家族への対応について、必要なソーシャルワーカーの視点を挙げておく。

①家族のご本人に対する想いや病識の程度を確認する。
②家族・施設間で介護サービスにおける認識の違いがないか確認する。
③これまでの在宅介護経験や、家族内の家族システムについて把握する。

(3) ハラスメントが起こる背景

　親の認知症のBPSD（行動・心理症状など）を家族として受け入れられないことは少なくない。また認知症の進行を受け入れることは家族にとっては辛いことである。Bさんの長男は一人息子であり、母親であるBさんへの思い入れは強く認知症であると理解をしていても、受け入れる準備ができていないこと、一人息子であり、何か問題を投げかけても相談できる家族がいないことを理解しておかなければならない。

　また、長男の「きちんと介護をすれば、良く見守っていれば」という訴えについて、ソーシャルワーカーから現状の対応について説明している。事業所としてBさんの周辺症状に対し、以下のとおり対応している。

①可能な限り見守りを行い、ご本人の居室を定期的に掃除、確認し、集めてきたものをスタッフは持ち主に返却している。
②Bさんが怪我をすることのないよう見守り、センサーを設置して対応している。

　当初長男は感情を表出していたが、在宅と異なり施設では1対1の介護はできないこと、施設の人員配置について説明したことで驚かれてい

　た。特定の職員に対する電話対応について、当面の間ソーシャルワーカーから連絡を行うこととし、Bさんの状況を都度お伝えする方針とした。

　Bさんの長男との連絡を重ねていく中、自分が在宅介護を行っていた際にはBさんのためにすべて犠牲にして在宅介護をしてきた経緯と、長男自身がすべてにおいて決定するしかなかったことを話されている。電話をした介護スタッフに対し、無意識に同様の対応を求め、暴言という形で表出したのではないだろうか。「これまで大変な思いをされてきましたね」という共感を持ち、「Bさんについて今後は一緒に考えましょう」と繰り返し伝えていくこととし、長男のスタッフに対する態度は徐々に変化している。

　介護従事者には利用者と家族に継続的人間関係がある。だからこそ「利用者本位のケア」が成立する。ハラスメントを起こさない、許容しない姿勢と、ハラスメントという行為の背景についてソーシャルワーカーが目を向けることも必要である。

④ ソーシャルワーカーのハラスメント対策における役割

(1) 早期発見が重要

　これまで述べてきた事例からも、事業所はハラスメントに対し、早期に対応することが重要である。「いずれ解決するだろう」と初期対応を怠ったり、不適切な対応をした場合、ハラスメントのエスカレートや介護スタッフの休職・離職に繋がる場合もあることを事業所は認識しておかなければならない。対策としてハラスメント窓口が設置されていても、日頃からコミュニケーションが図られていなければ何かあった時の相談はし難いものであり、デリケートなセクハラについては躊躇するのが当然である。

　ソーシャルワーカーは日々の介護記録や、利用者の様子についてハラスメントの懸念がある場合、対応した介護スタッフに自ら事実確認に向かうことが重要である。

　解決窓口としてソーシャルワーカーが適当であるということではない。ソーシャルワーカーは介護スタッフや他職種に相談に出向けることを強みとしており、日々相談を受けやすい。日頃から利用者からの相談だけではなくスタッフと相談しあい、適切な窓口に繋げること、何よりも同じ立場で相談しあえる関係性を構築し、組織の中でハラスメント防止の一端を担うことが可能ではないだろうか。

(2)　ハラスメントに対する意識とリスペクト

　ネットフリックスにおける撮影現場では作品にかかわるすべてのスタッフが「ハラスメント」の研修を受講しないと撮影が開始されないという。介護現場においてもハラスメントに関する研修を入職時や階層別研修で行い、「ハラスメント」に対する認識を深めることが喫緊の課題である。利用者や家族からのハラスメントだけではない。職場において「嫌な思い」や「失礼な言動」について「ハラスメントじゃないですか？」とは言いにくい。「それってリスペクトの気持ちがない言動ですよね」と言えるように変えてみてはどうだろうか。「リスペクト」しあえる関係性は、ハラスメントの防止に有効となる。何よりも「あなたのことを大切に思っています」「ともにいい仕事をしたいと思っています」という意識変化に繋がると期待している。

参考文献

・21世紀職業財団『改訂版　職場のハラスメント　相談の手引き　相談対応の基礎から応用まで』（2021年）

・向井蘭『2020年6月施行「パワハラ防止法」に完全対応 管理職のためのハラスメント予防＆対応ブック』（ダイヤモンド社、2020年）

・川上憲人『基礎からはじめる職場のメンタルヘルス―事例で学ぶ考え方と実践ポイント』（大修館書店、2017年）

・厚生労働省「介護現場におけるハラスメント対策マニュアル」（令和4（2022）年3月改訂）

　https://www.mhlw.go.jp/content/12305000/000947524.pdf

Column

介護の仕事と介護ハラスメント
働きやすい職場の重要性

　上司や先輩介護士に介護ハラスメントと言えるような状況と介護方法について相談すると「介護のプロなんだから、それもうまくかわせるようにならないとね」。この言葉に驚いたことと、「そういうものなのか」と落胆した。利用者から受けたハラスメントに対し、うまくかわせることがプロ、かわせないのは介護士失格と言われているようでさらに悩んだ記憶がある。

　女性がハラスメントに対し我慢をしてきた時代、世代間におけるギャップは少なからずあり、年配スタッフが新人スタッフに対し、「私なんて触られもしないから触られるうちはいいわよ」などと言うやり取りが過去にはあった。もちろん年配スタッフはこれがハラスメントという認識はないだろう。しかし相談をした新入職員の気持ちに目を向けてほしい。筆者のように落胆し、やる気をもって目指した介護の仕事に疑問を抱かないだろうか。上記のようなやりとりとなれば二度と相談しないだろう。

　介護ハラスメントだけでなく、仕事において抱えた課題を相談できること、助けてほしい時に「助けてほしい」と気軽に言える職場環境が介護現場で働く我々には必要である。ハラスメントのない職場・「働きやすい職場」とはそういうことなのである。

第3部

今日からできるハラスメント予防
〜働きやすい職場づくりのために〜

ハラスメントを「芽」で摘み取るために

　第1章でも述べたように2018年4月、NCCUが実施したNCCUアンケートによって、介護現場での深刻なハラスメントの実態が明らかになった。そして、この調査で改めて認識したのは、「**ハラスメントは起こってしまってから対応するのではなく、『芽』の段階で摘み取る、つまり未然に防ぐことが大切である**」ということである。では、そのために施設・事業所（以下、事業者）ではどのような取り組みが必要なのだろうか。

　厚生労働省は、2019年4月に「介護現場におけるハラスメント対策マニュアル」（2022年3月改訂）[1]、2020年4月に「研修の手引き」[2]、2021年4月に「介護現場におけるハラスメント事例集」[3]を作成した。

　本章では、それらの各種資料を参照しながら、介護現場で求められるハラスメント対策を以下の7箇条に沿って考えてみよう。

　組織としての基本方針の決定

（1）方針は離職防止の観点からも考える

・会社の代表が「すべてはご入居者様のためにある」と発言（有料老人
　ホーム　介護員）

・事業所は常にご利用者への体裁しか考えていない（サービス付き高齢
　者住宅　介護員）

　NCCU アンケートの結果、事業者の上記のような姿勢が原因でハラスメントにあっても「相談しない」と回答している介護従事者もおり、事業者に対して「ハラスメントへの対応を円滑にする法人の組織体制の整備」を望んでいることがわかった。職員をハラスメントから守るためにも、事業者によるハラスメント対策は必須なのである。

　まずは、事業者として**「ハラスメントは組織として許さない」といった基本的な方針を決定**し、それに基づいた取り組みを行うことが重要である。ただし、単に基本方針を示して終わらせてはいけない。実際、ご利用者・ご家族からのハラスメントによって離職している介護従事者もいることから、安心して働き続けられる職場環境の整備、介護人材の確保・定着の観点からも対策を考える必要がある。

（2）関係する法令の整理

　ハラスメント関係の様々な法律が整備されていることも配慮しなくてはいけない。労働契約法に定められている労働者に対する事業主の安全配慮義務や、男女雇用機会均等法におけるセクシュアルハラスメント規定、労働施策総合推進法におけるパワーハラスメントの防止対策の義務化等、そして何よりも、2021 年 4 月の介護報酬改定において、事業者

のハラスメント防止対策が介護保険法運営基準の中に規定されたことにより、介護従事者をハラスメントから守ることが義務化された。このように、事業者に対して様々な観点から法的規定が置かれていることも考えなくてはならない。

　ハラスメントは、事業者ひいては介護業界の社会的信頼の失墜を招く可能性もあることから、組織としてしっかりとした基本方針を策定することがさらなる人材不足を防ぐことにつながるのである。

(3) 基本方針の具体的内容

　具体的にどのような内容を方針に盛り込むのか、一例を挙げてみる。

> ▷組織としてのハラスメント防止に向けた取り組み
> ▷ハラスメントが発生した場合の組織的対応方法
> ▷相談窓口の案内
> ▷ハラスメント防止に関する研修等の受講促進　等

　基本方針が決定したら、組織や団体としてハラスメント対策に取り組む意思を明確にし、それを職員と共有することが重要である。それによって職員は、事業者に守られているという安心感を持つとともに、ご利用者に対して良質なサービスを提供することができるため、サービスの質の向上にもつながる。

　また、ご利用者・ご家族にもサービス契約時等に事業者の基本方針を周知することによって、ハラスメントの抑止につながり、結果的にご利用者も良質なサービスを受けることができるようになる。

❷　対応マニュアルの作成と共有・運用

　ハラスメントを未然に防ぐための対応方法や、ハラスメントに対する法人の考え方を職員と共有するためには、対応マニュアルも必要である。

　マニュアルの作成にあたっては、現場の実態を知る職員の経験や意見も取り入れつつ、随時見直しや更新を図っていくことが重要である。また、マニュアルを見直す際に職場ミーティングを開催してハラスメントに関する事項を共有すれば、ハラスメントへの意識や対応方法の向上、働きやすい職場環境づくりにも有効である。

　対応マニュアルに記載する内容について、いくつか例を挙げてみる。

▷ハラスメントの定義

▷組織としての基本方針

▷ハラスメント予防のための対策

▷ハラスメント発生時のための対策・対応フロー

▷相談窓口・連絡先

▷対応事例　　　　　　　　　　　　　　　　　　　　　　　　等

　もちろん、「マニュアルどおりに対応すれば大丈夫」ということではない。対応マニュアルはハラスメントにおける基本的な考え方や対応等を理解するものであるため、必ずしもケースに当てはまらない場合があることは承知しておかなければならない。

③ 相談体制の整備

（1）相談窓口の設置

　介護現場からは、「ハラスメントかもしれない」「ハラスメントを受けた」となった時、「どこに相談すればいいのかわからない」という声も聞かれるなど、相談を受ける体制が未整備な組織が見受けられる。

　ハラスメントは「芽」の段階で摘み取ることが大切であり、職員が報告・相談をしやすい窓口の設置や担当者の配置等の体制整備、さらに、その窓口や担当者の存在の周知を行うことが重要である。

　また、相談を受け付ける担当者は直属の上司であることが多いが、「管理者に聞き流された」「上司はクレーム対応能力に乏しい」という声があるように、十分に対応されず泣き寝入り状態になっている場合がある。

　したがって、直属の上司以外の相談担当者を決めておく等、職員が話しやすい体制を作ることも望まれる。

（2）相談しやすい職場環境づくり

　普段から気軽に何でも話し合える職場、風通しの良い職場づくりに取り組み、職員が相談しやすい環境を整えておくことも必要である。

　特に、管理者は、定期的な面談や職員同士の情報共有のためのミーティング等、職員とのコミュニケーションの場を設ける工夫をし、職場の人間関係や職員の変化を的確に把握できるようにすることが大切である。

　厚生労働省の「介護現場におけるハラスメント対策マニュアル」では、相談しやすい職場環境づくりの一例として「チューター制度」（職員と先輩職員がペアを組んで指導や面談等を行う）を紹介しているので、このような制度を導入するのも一つの手である[4]。

(3) ハラスメントの相談の受付と対応

ア．相談を受ける側の心構え

・利用者に対して制度上認められていないサービスを止めようとしたら、ハラスメントを受けた。相談した上司に「対応が悪いからだ」と二重のハラスメントを受けた（ケアマネジャー）

・認知症の利用者をベッドから車イスに移乗したとき、声かけを行ったにも関わらず肩に噛みつかれ病院を受診した。上司にその件を報告したら、「あなたの声かけの仕方が悪い」と言われた（通所介護員）

　このように、「ハラスメントかもしれない」「ハラスメントを受けた」となった時、最初に相談・報告をするのは職場の管理者等である場合が多い。しかし、管理者等の個人的な意見を押し付けられたり、ハラスメントを軽視する言動をとられたりすると、相談したくてもできなくなってしまう。

　また、相談者が抱えている心の負担を、相談を受ける側がうまく受け止めることができない場合もある。相談を受ける側は、**まずは傾聴を心掛けることが大切であり、相談者を否定することやさらに傷つける言動はとらないように注意しなければならない**。仮にハラスメントかどうかわからない段階でも、真摯に向き合って相談に乗ることが重要なのである。

イ．相談受付とその対応

　相談を受けた場合は、５Ｗ１Ｈ（いつ、どこで、誰が、何を、なぜ、どうされた）をわかる範囲で聞き取るようにする。ただし、NCCUアンケートでは、「フラッシュバックを起こした」「トラウマになっていて話したくない」という声もあったことから、**精神的な負担が大きいようであれば無理に聞き取ることは避け、落ち着いて安心して話せるように**

なったら改めて事実確認を行うようにすることも大切である。

　相談を受ける際には、厚生労働省の「職員向け研修のための手引き」に、ハラスメント対策の取り組みの補助ツールとして相談者が相談したい内容を正確に伝えられるよう、あらかじめ相談内容を記入できる「相談シート」が作成されているので、活用することも有効である[5]。

ウ．相談を受けた後の対応

・他事業所の人がパワハラにあっているのを見て、いつか自分もターゲットになるのではないかと心配になる（訪問入浴介護員）

　ハラスメントの報告や相談を受けた後、何もせずに放置しておくと、上記のようにハラスメントはエスカレートして他の職員、事業所にも被害が及ぶことが考えられる。同じようなハラスメントが発生しないよう情報を整理し、要因分析を行い、速やかに対策を検討・実施する必要がある。

　また、職員の安全を図ることが第一なので、事業所で解決することが困難だと判断したときは、地域包括支援センターや医師、行政等と連絡を取り合い、適切な対応を図ることも必要である。

　そして、ハラスメントにあってしまった職員は、それがトラウマとなって介護職を続けることができなくなってしまう可能性もあるため、ハラスメントを受けた本人に対する心のケアも大切である。職員の心の傷がより深刻な場合は、産業医やメンタルヘルスの専門家に対応してもらうことも必要だろう。

エ．外部機関との連携・活用

・利用者から昼夜、曜日問わずに連絡が来て、その他パワハラがエスカレートしたため、地域包括支援センターや役所へ相談。ストーカーまがいの事もされ始めたので、警察に相談しに行った（訪問介護管理者）

・その当時利用されていたご家族よりクレームを言われ、対応するも、納得がいかないとおっしゃり、大声で怒鳴られたり、過剰なサービスの提供を再三求められた。市役所、地域包括支援センター、上司すべての方にご協力いただき、数ヵ月にわたり対応し、サービス事業所を変更させていただいた（小規模多機能型居宅介護管理者）

・制度上利用ができないことを強要されて、電話にて「○○出てこい。おまえ…」と興奮。地域包括支援センターの職員に同席してもらい説明し納得してもらった（ケアマネジャー）

　このように、事業所内で解決できないハラスメントが発生したときは、外部機関との連携が重要になる。そのため、他職種・関係機関と日頃から積極的にコミュニケーションを図り、協力関係を構築しておくことが安心につながる。

　また、各自治体で開催される地域ケア会議において、困難事例として多職種で情報共有し、対策を検討することも効果的である。

　外部機関との連携は、地域の支えあいの取り組みを推進する地域包括ケアの観点からも有効であり、積極的にコミュニケーションを図ることが職員のみならずご利用者・ご家族を守ることにつながるのである。

❹ 事業所内での情報共有

　NCCU アンケートによると、ハラスメントから介護従事者を守るためにどのような対応が必要か設問したところ、最も多かった回答は「事業所内での情報共有」（60.8％）（第 1 章 16 〜 17 頁参照）となった。

　ハラスメントは未然に防ぐことが重要であり、そのためにはサービス開始前、そしてサービス提供を開始してからも、適宜、情報共有するこ

とが重要となってくる。ご利用者・ご家族の置かれている環境や生活歴、趣味や嗜好などについて、サービス担当者間で話し合えば共通認識を持つことができる。そして、「このようなケアを行ったらこのような対応をされた」「体調がすぐれないときはこんな行為が見受けられる」等、あらかじめわかっていれば、事前に予防策を講じることができハラスメントの発生を未然に防ぐことが可能になる。それとともに、職員共通のノウハウを身に付けることができるので、サービスの質の向上にもつながる。

　特に、訪問介護においては、利用者と1対1になるため、どのような場面でどういう状態になっているのかが他の担当者にはわからない。また、施設においてもトイレ介助や入浴介助の場合は、密室となるので他の目が届かなくなる。

　したがって、事業所内でのミーティングなどで日常的に情報共有しておくことは重要であり、その情報をもとに、それぞれの場面での対応方法を検討することによって、ハラスメントを予防することが可能となる。

5 職員に対する定期的な研修

　NCCUアンケートによると、ハラスメントから介護従事者を守るためには「専門知識の研修によるサービス提供者側のスキルアップが必要」と回答した割合が29.8％となり、介護従事者自らが研修の必要性を認識している（第1章16〜17頁）。

　したがって、事業者には職員を対象としたハラスメント対策に関する研修を実施することが求められる。研修は、一時的なものではなく定期的に継続して行うことが重要である。職員にハラスメントについての正しい認識を目覚めさせることができるとともに、それによって知識や技

術を定着させ、一人ひとりが自らを守れるような組織体制を構築していくことが可能となるからである。それでは、どのような研修を行えばよいのだろうか。一例を挙げてみよう。

(1) ハラスメントの知識と理解

　NCCUアンケートによると、ハラスメントを受けたときに相談しなかった理由として、「相談するほど大きな問題と思わなかったから」と回答している割合が30.8%となった（第1章10頁）。これは、「どのようなことがハラスメントかわからない」という認識不足が要因の一つと考えられる。

　それとともに、「自分自身でうまく対応できているから」（19.6%）「問題が大きくなると面倒だから」（13.6%）等、介護従事者のハラスメントに対する考え方にも問題があることは否めない（第1章10頁）。

　ハラスメントか否かは人それぞれ受け止め方が違うため、統一した認識を持たせることは難しい。とはいえ、どのようなことがハラスメントに当たるか、というハラスメントの定義を職員全員がしっかり理解することは重要である。

　その上で、未然防止策や対応策を共有する。その場合、外部講師によるセミナー形式も有効だが、ハラスメントの事例をもとにディスカッション形式にすることも検討したい。その際には、厚生労働省の「介護現場におけるハラスメント事例集」に掲載されている事例を検討材料にすることで、「学びのポイント」や「参考資料」をもとに有意義に話し合いができるとともに、事業所内での共有化が図れるだろう。

　介護業界に浸透している**「プロの介護職はその程度のことは受け流すべき」**という間違った認識をなくしていくためには、ハラスメントを理解し、知識を深めることが肝要なのである。

(2) 介護保険制度に基づくサービスに関する研修

・「銀行に行ってきてほしい」と言われ断ると、「他のヘルパーは行くのに」と何回も言ってくる（訪問介護員）
・公共料金振り込みの依頼があったが、できないことを伝えると、「以前来ていたヘルパーはしてくれた」「初めての人は融通が利かない」など小言を言われた（訪問介護員）

NCCUアンケートによると、上記のように他者を引き合いに出してサービスを強要される行為を、多くの介護従事者が受けていることがわかった。また、契約外のサービスや介護保険制度上認められていないサービスの要求も多発している。

一方で、行うべきケアの内容や介護保険制度についての理解度が、職員によって大きく異なることもハラスメントを誘発する要因の一つと考えられる。前述のように、一人の担当者が「ご利用者が喜んでくれるから」「良かれと思って」と、契約外のサービスを行った結果、契約どおりのサービスを行った担当者が悪者になってしまい暴言を吐かれた、という話はよく聞く。また、「ご利用者・ご家族に対するサービスへの事前説明不足」（21.6％）が引き起こすハラスメントが存在することも事実である（第1章13頁）。

したがって、一利用者に関わる担当者が複数人いる場合は、**チームとしてケア内容の統一性を持たせると共に、すべての職員に対して介護保険制度におけるサービスの範囲について理解を深めてもらうことが重要**である。また、契約書や重要事項説明書の内容について、ご利用者・ご家族への説明の仕方についても統一することが必要である。

(3) 管理者向け研修

・入浴時、浴槽に浸かりながら「（股間のあたりを指差し）ここ触ってくれよ」等何度も言われたのを上司に相談したら「そんなこと言うんだー（笑）」で終わった（通所介護員）
・認知症の利用者から暴力を振るわれ、サービス提供責任者に相談したら、他のヘルパーもみんな同じだから我慢するよう言われた（訪問介護員）
・寝たきりの利用者の排泄介助中、こちらが手を放せないのをいいことに、胸や尻や股間を触られるのが日常茶飯事だった。相談した上司は見て見ぬふりだった（訪問介護員）
・「責任者を出せ」と利用者が暴れだし、責任者が逃げたので全く関係のない私が暴力を振るわれた（定期巡回・夜間対応型介護員）

　NCCUアンケートによると、介護現場においてハラスメントを受けたとなった時、「最初に誰に相談したか」との設問に「上司」と回答した割合が47.2％であった（第1章9頁）。しかし、前述のように「管理者に言っても対応してくれない」「真摯な態度ではない」ということが原因となり、「相談したが変わらない」（43.1％）と泣き寝入り状態となっている現状がある（第1章9頁）。また、何らかのハラスメントを受けたときに「誰にも相談しなかった」割合は23.5％であり、その理由でもっとも多かったのは「相談しても解決しないと思ったから」（40.3％）であった（第1章10頁）。事業者に対して「管理職・上長の教育を！」という声が多く聞かれることも事実である。
　ハラスメントは、管理者の初動でその後の展開が変わる。そのため、事業者として個々の管理者のスキルに合ったマネジメント能力を向上させるための研修を実施することは、ハラスメント防止対策の重要なポイ

ントとなる。

　自組織で行う研修のみならず、関係団体や自治体等が実施するハラスメント対策についての研修にも参加させる等、多くの研修の機会を設けることは管理職のハラスメントに対する意識を醸成させるために効果的である。コロナ禍の現在、オンライン研修を実施している事業者も多い。オンライン研修は、繰り返し視聴できるというメリットもあるので、取り入れてみるのも一つの方法だろう。

　また、厚生労働省が作成した「管理者向け研修のための手引き」は、管理者が介護現場におけるハラスメントについて考えるきっかけになればとの観点から、介護現場に近い視点から作成されている。事業者が研修を行う上での参考になるだろう。

(4)　認知症等の疾病に関する研修

・認知症に伴う周辺症状からくる介護拒否・介護抵抗の行為ではあるが、たたかれたり、引っかかれたり、つねられたりした。顔をたたかれた際、メガネが飛んで壊れた（グループホーム　管理者）
・認知症等で性的なことや暴力をしてしまうのはしかたない気もするが、一般では犯罪。介護者、自分自身の価値が低い気がして悲しい。ご家族や本人がなにも咎められないのはどうかと思う（サービス付き高齢者住宅　介護員）
・高次脳機能障害の症状とはいえ、熱いコーヒーをスタッフにかける、利用者同士の口論から殴るなどの行為がある（有料老人ホーム　介護員）

　介護現場では、このように病気又は障害に起因するハラスメントが発生している。そして、「認知症に伴う周辺症状だから」「高次脳機能障害

に伴う症状だから」と、誰にも相談せず、不快や苦痛を感じているにも関わらず我慢してしまっている介護従事者が少なくない。

　病気だから仕方がない、根本的な解決は難しい、と諦めるのではなく、疾病についての知識を学ぶことが、変化の糸口になる場合もある。疾病を知ることによって、ご利用者の言動を理解することが可能となってくるからである。

　その上で、「なぜこのような行動をとるのだろう」「どういう場面でこのような症状が出るのだろう」等、根本にある要因を分析して今後の対応や取り組みに活かしていくこと、つまり病気や障害が引き起こす言動を、ハラスメントに発展させないための予防策が重要なのである。

(5)　コミュニケーション術向上のための研修

・コミュニケーションを積極的にとり人間関係を構築した現在では、ハラスメントは随分と減った（有料老人ホーム　看護師）
・生活援助で訪問。調理中することすべてに口出し、手順などいちいちいわれ自分自身がパニックに。コミュニケーションが取れなかった（訪問介護員）

　このように、ご利用者やご家族とのコミュニケーションによってハラスメントの発生状況に大きな違いが見られることから、職員のコミュニケーションスキルがハラスメント被害のリスクとなるケースがあることは否めない。

　また、職場内でご利用者等の情報共有をすることによって、ハラスメントを防ぐことも可能となることから、ご利用者やご家族、そして職員間において十分な意思疎通を図り、**良好な人間関係を築くためにも、コミュニケーションスキルを向上させること、「伝える力」と「聴く力」**

を養うことが必要である。

　現在、様々なセミナーや専門家による手引書があるので、積極的に活用し、職員のコミュニケーション能力を向上させていくことが望まれる。

⑥ 管理者をサポートする体制の整備

　管理者は、ハラスメントに限らず、何らかのトラブルがあった際にはすべての対応を負うことになる場合が多い。したがって、管理者への負荷が大きくなり過ぎないように組織として体制を整備することも重要である。職員だけではなく、管理者の相談先にもなる相談窓口を設置できれば望ましい。また、マニュアルに「**管理者一人で抱え込まずケアマネジャーや地域包括支援センター等に相談する**」等の対応策を記載したり、ハラスメントが発生した時の対応フローを作成することも一つの方法だろう。

　実際に、管理者のサポート体制を整えている事業者がある。NCCUの個人組合員が所属する株式会社ウメザワ（東京都江戸川区）[6]では、訪問介護事業所やデイサービス等、8つの事業所にそれぞれ管理者がおり、週1回、管理者連携会議を実施している。現在は、コロナ禍なのでZOOM会議となっているが、それまでは各事業所の管理者が集まって開催していた。顔の見える関係ができれば、情報共有を密に行えるだけでなく、お互いの思いも共有でき、孤立を防ぐことができるからである。会議では、各事業所が抱える問題を共有し対処しているが、管理者だけで対応することが困難な問題については、法人の「統括部」がサポート、行政対応や顧問弁護士への調整等を行っている。特に、コロナ禍で今までになかった様々な問題が発生しており、事業所・管理者だけではなく法人としても迅速に対応する体制を取っている。また、管理者研修会を

月1回開催しており、事例をもとにグループワークを行っている。このような体制を継続していくことにより、法人に守られている、と感じた管理者・職員が「ご利用者を守ろう」と良質なケアを提供することにつながるのだ。ご利用者だけでなく、管理者・職員への「個別ケア」も重要なのである。

7　ご利用者・ご家族への理解と周知

- 訪問介護の訪問時間は2時間空けないと訪問できないと説明すると、「そんなの黙っていればわからない。そんなこともできないのか」「うちはこの時間じゃないと困るんだよね」。それでもできないと断ると「うちが負担をすればいいんですね」「ばあちゃんを23時過ぎに寝かせればいいんですね」と脅迫してきた（ケアマネジャー）
- 銀行へ行きATMで現金を下ろしてきてほしい。誰にも言わなければわからないだろう、といわれて困った（訪問介護員）

NCCUアンケートによると、ハラスメントが発生している原因にはん「ご利用者・ご家族のサービスへの過剰な期待」（38.1％）「ご利用者・ご家族のサービスの無理解」（37.5％）といった、ご利用者・ご家族の介護保険制度に対する理解不足によるものがある（第1章13頁）。介護従事者を守るためには「ご利用者・ご家族への啓発活動」（53.5％）が必要だとする回答も多いことから、まずは、契約時にサービスの具体的内容やサービス範囲についてご利用者・ご家族へわかりやすく説明をするとともに、ハラスメント防止についての理解を求めておくということは重要である（第1章16〜17頁）。

　また、契約書や重要事項説明書に「ハラスメントの禁止」条項を設け

て具体的な内容を明記し、ハラスメントが行われた場合には契約解除となる場合があることを伝えれば、ご利用者側との共通認識に基づき、安心してサービス提供ができるだろう。

　厚生労働省の「介護現場におけるハラスメント対策マニュアル」には、ご利用者やご家族等に対する周知の一例として、実践事例とともに解説されている。特に事例は、事業者として全体的な対策を検討した上で、ハラスメント防止の周知材料の参考にもなる。活用することで、ご利用者・ご家族にも納得してサービスを受けていただけるのではないだろうか。

⑧　持続可能な介護保険制度を目指して

　介護人材の不足が叫ばれている現在、志高く入職しても、ご利用者やそのご家族からのハラスメントによって離職してしまう人も多い。働く環境を良くしていかなければ、有効求人倍率も高止まりが続き、人材の確保、定着も困難な状態のままであることは明白である。

　介護人材の不足が続けば、介護を利用したくても利用できない「介護難民」が発生する。そして、ご利用者のご家族も仕事を継続することが困難になり「介護離職」をせざるを得なくなるであろう。

　働く側から介護保険制度を崩壊させないためにも、事業者、そして介護従事者自身が「ご利用者とそのご家族からのハラスメント問題」に真摯に向き合っていただきたい。それによって、介護を利用する側、支える側がともに満足できる介護保険制度にしていくことが可能となるのではないだろうか。

注

1）厚生労働省「介護現場におけるハラスメント対策マニュアル」（令和4（2022）年3月改訂）

　　https://www.mhlw.go.jp/content/12305000/000532737.pdf

2）厚生労働省「管理者向け研修のための手引き」

　　https://www.mhlw.go.jp/content/12305000/000947394.pdf

　　厚生労働省「職員向け研修のための手引き」

　　https://www.mhlw.go.jp/content/12305000/000947395.pdf

3）厚生労働省「介護現場におけるハラスメント事例集」（令和3年3月）

　　https://www.mhlw.go.jp/content/12305000/000947332.pdf

4）1）と同じ

5）厚生労働省「職員向け研修のための手引き」相談シート

　　https://www.mhlw.go.jp/content/12305000/000629796.pdf

6）株式会社ウメザワ

　　https://www.ume-care.com/index.html

今後のハラスメント対策を踏まえた介護施策

① 新人指導とハラスメント

（1）指導法が異なる～フィクション事例①～

　ベテラン介護職員による新人指導の場面を想定してみよう。あくまでも、以下の事例は筆者によるフィクション事例なので、その点は読者の皆さんにもご理解いただきたい。

　20代の介護未経験者の新人職員が、先輩介護職員Aから「排泄介助」「食事介助」「入浴介助」などの指導を受けるとする。当然、介護現場はシフト制であるから、先輩介護職員Bも新人への指導を行う。

　仮に、AとBの仲が悪く、当該介護施設に統一された「新人教育マニュアル」がないとしよう。当然、A・Bが独自の介助法を新人に教示すれば、その新人職員は好きな介助法で業務に携わるに違いない。そして、Aの介助法で仕事をしたとしよう。

　そうなると教示したBは、「今度の新人は、しっかり教えたのにAのやり方を選択した」と、新人職員は何も知らないまま、Bとの関係が悪くなってしまう可能性が高くなる。

（2）ハラスメントを生じさせる環境

　当然、Bが新人職員に「無愛想」で「横柄」な対応になる可能性を、誰もが想像するはずだ。もしかしたらBは「ハラスメント」という意識はなく、気持ち的に新人職員に対して「面白くない！」といったことに

過ぎないだけかもしれない。しかし、このような感情が「ハラスメント」を生じさせる一因ではないだろうか。

　場合によっては、Bの新人職員に対する指示内容の口調が強くなり、ハラスメントとなってしまう可能性が考えられる。新人職員は、理由もわからないままBに「嫌われている？」「八つ当たりされている？」などといった気持ちになり、最後には「ハラスメント」と受け止めてしまうのだ。

　確かに、ハラスメント問題は、加害者と被害者といった2人の関係性で問われる側面もあるが、このような事例では、そもそも「新人教育マニュアル」を組織的に施設側が設けていないことが要因である。

　このような人間関係の歪みから、ハラスメントを生じさせやすい環境を放置させているとすれば、経営者及び管理職のマネジメント機能に問題があるといわざるをえない。

2 注意喚起がハラスメントへ

(1) 勘違いする管理職〜フィクション事例②〜

　2つ目のフィクション事例として、若手職員のミス（失敗）と職員全体の会議（打ち合わせ）を想像してみよう。

　ある介護施設での夜勤で、3年目介護職員Cが、誤薬してしまい要介護者の「命」に関わる問題が生じてしまった。結果的には、幸い事なきを得て大きな問題には至らなかったが、中間管理職であるDは、Cに厳重注意をして始末書対応となった。

　当然、Cは落ち込みがかなり深くなり、反省と自分が介護職に向いているかどうかも考えてしまう。同僚にも「辞めたい」との相談をしている光景は想像がつく。もちろん、相談された同僚からは「誰にでもある

ことだから、次回から注意してがんばっていこう。Cさんは、やさしい人柄だから、介護職は適任だよ!」といった、励ましの言葉かけはなされるであろう。

(2) 注意喚起のための職員会議

しかし、Dは、Cがミスを犯した3日後の職員会議で、「最近、事故やミスが目立っているので、しっかり業務に取り組んでください。特に、『誤薬』といったミスは、命に関わることなので、皆さん気をつけてください」と発言したとしよう。Dは、職員への注意喚起と職務の重要性を改めて述べるなど管理職としての職務を全うしているつもりで、まったく悪気はなく「ハラスメント」の意識もない。法律的にも、ハラスメントには該当しないかもしれない。

しかし、ミスをしたCの心境を考えるとどうであろうか。本人は反省しながら落ち込んでいる状態で、さらに職員会議で追い打ちされた気持ちになるはずだ。まして、Dは職員会議後に、涙ぐむCに「これからは注意してがんばろう!あなたが『ミス』したことは事実だから、涙ぐむのは仕方ないけど…」と、冷たく言ったとしたらどうだろうか。

(3) 組織的ミスを軽視

この事例においてハラスメント否かを論議する前に、Dの視点が組織的対応を軽視し、すべて職員個人の責任で片付けている点が問題だ。確かに、Cのミスは「反省」すべきではあるが、職員の責任ばかりを追及して、なぜ、このような事故(ミス)が起きるかの組織的な視点を軽視していることが問題である。

例えば、「誤薬」が生じるのは「ダブルチェック」する体制が整えられておらず、あったとしても形骸化していたのではないか。介護職員の

人材不足で、ギリギリの人員で業務をこなすことで集中力を減退させている労働環境ではないか。

　個人のミスを指摘すると同時に、その環境・組織体制はどうであったかを、再度、管理職が「ミス」を注意する前に、考えることが必要ではないだろうか。このような意識を、常に抱いていれば、「ハラスメント」となる指示、注意などの危険性を回避できる可能性は高いと考える。

❸ ジェンダー（性差）の視点

(1) 女性が多い職場

　ハラスメント問題はジェンダー（性差）による視点も欠かせない。このことは筆者のケアマネジャー時代から、実体験を通じて認識している。例えば、福祉用具関連の営業部門のスタッフを想定してみよう。あくまでも福祉用具の利用者は要介護者であることに変わりはないが、実際は、担当ケアマネジャーとの繋がりが深くなければ自社の福祉用具を使ってはもらえない。なぜなら、利用者自身が「この福祉用具事業者を使いたい」と申し述べることは少なく、ケアマネジャーに業者はお任せというケースが多いからだ。

　筆者のゼミ生（大学）にも、新卒で福祉用具事業者に就職する者が少なからずいる。もちろん男女問わずではあるが、卒業生の動向をみていると男性のほうが営業しやすい傾向にあることは否めない印象を受ける。

　あきらかにケアマネジャーは40歳以上の女性が多いため、若い新人営業マンが繋がりを持ちやすいのは、男性のほうである。もちろん、新人女性営業マンであっても、持ち前の明るさと熱心さで、ケアマネジャーとのネットワークをつくり営業成績を上げている者も少ないがいる。

(2) 男女は平等なのか？

　一般論として、ある会社に忙しくしていない若い男女事務員がいたとしよう。そして、今、大切な男性の来客があったとする。あなたが上司なら、どちらに「お茶」を入れるように依頼するであろうか。おそらく若い女性に依頼すると答える人のほうが多いのではないだろうか。

　若い男女共に忙しくなければ、「お茶」は女性が入れたほうが客人に対して印象が良いと判断してしまうのが、一般的感覚ではないだろうか。

　「このような意識が『ハラスメント』を生む要因になる」と、もしかしたら筆者は読者の皆さんに叱責されてしまうかもしれない。しかし、このように思う読者は多いのではないだろうか。これらのことは、同じ業務、行動、対応にしても、性差（ジェンダー）によって受けた側の印象、思いが異なるということを理解する例ともいえる。

(3) 女性管理職は同性に厳しい

　介護施設において、女性管理職は女性職員には厳しく、男性職員には優しいといったことを耳にしたことはないだろうか。介護現場に就職した卒業生からも、このような話をよく耳にする。あくまでも印象的な話になってしまうのだが、「賛同」いただける読者の方も多いのではないだろうか。

　そもそも介護現場に限らず、多くの職場で嫌われる管理職は「感情の起伏が激しい」人物である。機嫌が良い時と、悪い時の差が激しく、通常、その被害に遭うのが若い職員だ。しかも、その差によって指示内容が異なり一貫した指導・養成ができないケースもある。また、お気に入りもしくは異性職員には常時やさしいが、同性の年下職員には厳しく対応するなど、不平等な管理職も珍しくない。

　ただ、管理職による話し方、言い方など、対象者である男女職員に違

いが生じることもあるだろう。しかし、受け手である男女の職員でも、全く同じ話し方、言い方をされても、上司が男性か女性かで、その受け止め方にも差が生じることもある。このようなジェンダー（性差）の視点でハラスメントを考えることは、極めて重要な視点であろう。

(4) 人事マネジメントの重要性

他分野でも求められる論点だが、今、ハラスメント対策で早急に取り組むべきひとつとして、適正な「中間管理職」を養成することである。具体的には、介護施設系では介護長、副介護長など、在宅系では管理職などが対象として挙げられる。これらの層が不適切な指導・養成を続けている限り、最終的にハラスメント問題の解決には至らない。

そして、中間管理職の上司である施設長や支店長（支配人）なども、このような状況を深く認識することが不可欠である。

今、できることとしては「優れた中間管理職」や「介護職員に寄り添う経営者」を、介護業界に増やしていくことではないだろうか。例えば、人事マネジメントに優れた中間管理職が少ないために、職場の人間関係に問題が生じるのであれば、早くから管理職がヒヤリングを重ね、適正な人事配置等を講じることで、問題は未然に防げるかもしれない。

また、一部の要介護者や家族による「パワハラ」「セクハラ」といったハラスメントも大きな課題となっている。このようなケースに関しては、サービス提供責任者というよりも管理者などが積極的に対応する姿勢を示すことで、訪問介護員（ヘルパー）らの信頼が得られると考える。

(5) 自治体の役割

国や自治体も介護事業所における中間管理職研修の企画など、公共政策として実施していくことが重要であろう。「労務規定」「パワハラ対策」

「若者理解の教育研修」など、社会で中間管理職を育てることを忘れてはならない。

　もっとも、若い介護職員を「過保護にしすぎる」のではないかと意見を抱く者もいるであろう。しかし、ハラスメント問題が深刻化する現状を考えれば、そう取り組まざるをえないのが現状であることを、介護業界は深く認識していかなければならない。

厳しい介護保険施策

　これまでハラスメントの問題を述べてきたが、やはり組織的、環境的に「ハラスメント」を生じさせないことが予防策においては重要である。特に、介護人材不足が深刻化している現在、日々の業務に追われる中で、労働環境の劣悪さによってハラスメントを生じさせてしまっていることは否めないであろう。そのためにも、充実した介護施策が求められる政策的な論点は避けられない。

(1) 財政規律策が懸念

　財務省の資料によれば、コロナ禍前 2019 年度の借換国債等を含めた国債発行総額は 154 兆円だったのに対し、2020 年度 256 兆円、2021 年度 224 兆円、2022 年度 215 兆円とコロナの影響が容易に理解できる。かつて東日本大震災後の 2012 年度 177 兆円と比べても、驚異的な発行額である[1]。

　おそらくコロナが収束する時期には、一挙に緊縮財政に転じると考えられる。いわば社会保障費抑制策が講じられ、医療や介護サービスの給付が厳しくなると予測される。当然、給付に抑制となれば、介護事業所の収入は少なくなり労働環境も悪くなる。

(2) マイナス改定の不安

仮に、緊縮財政となれば、今後の介護報酬改定はゼロもしくはマイナスも考えられる。そうなるとサービス給付抑制策は免れず、患者や高齢者に影響を及ぼしかねない。

実際、東日本大震災後、かろうじて落ち着いた2015年介護報酬改定は、大幅なマイナス改定2.27%となった（図表終-1）。それにより、介護サービス給付抑制策となり利用者負担も増した。

中長期的に考えて、医療や介護サービスの拡充を図り、より安定した生活保障が優先されるべきであろう。超高齢化社会という問題は避けられず、さらなる医療や介護スタッフを増やしていかなければならない。

図表 終-1　診療報酬と介護報酬改定の推移

	診療報酬改定		介護報酬改定
	本　体	全　体	
2022年	0.43%	－0.94%	
2021年			0.70%
2020年	0.55%	－0.46%	
2018年	**0.55%**	**－1.19%**	**0.54%**
2017年			1.14%
2016年	0.49%	－0.84%	
2015年			マイナス2.27%
2014年	0.73%	0.10%	
2012年	**1.38%**	**0.004%**	**マイナス0.8%（実質）**
2010年	1.55%	0.19%	
2009年			3.00%
2008年	0.38%	－0.87%	
2006年	**－1.36%**	**－3.16%**	**マイナス2.4%** ※2015年10月改定分を含む。
2004年	0%	－1.0%	
			マイナス2.3%
2002年	**－1.30%**	**－2.7%**	

厚労省資料より筆者作成

(3) 全世代型社会保障

2022年6月7日、骨太方針2022が閣議決定された（「経済財政運営

と改革の基本方針 2022」令和 4 年 6 月 7 日）。それによると、第一に「給付は高齢者中心、負担は現役世代中心というこれまでの社会保障の構造を見直し」、第二に「全世代型社会保障の構築に向けて、世代間の対立に陥ることなく、全世代にわたって広く基本的な考え方を共有し、国民的な議論を進めていく」という記述がある。

　これらは内閣府「全世代型社会保障構築会議　議論の中間整理（令和 4 年 5 月）」を参照しているとも窺えるが、要するに高齢者にも負担を課していこうとする政府見解を改めて示している。つまり、今後の後期高齢者医療制度及び介護保険といった高齢者を対象とした社会保障に関して、「負担の見直し」改革をしていくことを明言していることになる。

　もっとも、この骨太方針では介護職員への処遇改善策を継続することが強調され、一層の介護人材不足対策を講じるとされた。

　しかし、介護職員への処遇改善加算は継続して賃金水準の向上は堅持するものの、給付費を抑制して事業所収入となる介護報酬マイナスはいたしかたないといった声もないわけでもない。いわば介護職員の個人の賃金が維持されても、もしくは上がっても労働環境そのものが良好でなければ、ハラスメント問題の根本的な解決策には至らないと考える。

（4）安全保障が重点施策に

　特に、今回の骨太方針は「安全保障」に力点が置かれていることに注目しなければならない。ウクライナ情勢をきっかけに中国の海洋進出も絡めた、防衛費増額を容認する日本社会の世論が一般的になりつつある。

　そもそも、日本の防衛関係費は 2022 年度当初予算で約 5.4 兆円である（GDP 比 1% 程度）。この額は、毎年、増額されているが（図表終-2）、さらに、将来 GDP 比 2% 程度に引き上げるべきとの声もあり、そうなると現行よりも約 2 倍の予算額となる。

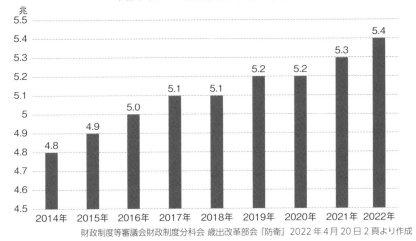

図表 終-2　防衛関係予算の推移

財政制度等審議会財政制度分科会 歳出改革部会『防衛』2022年4月20日2頁より作成

　当然、倍額とはいかないまでも防衛関連費を6兆円、7兆円と増やすだけでも、かなりの財源を工面する必要が生じ、当然、社会保障給付費抑制の可能性が考えられる。

　その意味でも、今回の骨太方針に「安全保障」の内容が多く盛り込まれたことによって、介護関係者にとっては、①コロナ禍による赤字国債発行による財政規律策、②防衛関連費増額による社会保障費抑制策、といった2つの不安要素が確定したことを認識する必要がある。

❺ 介護は「人」でなくては！

　内閣府の資料によれば、世界のGDPに占める日本の割合は1980年9.8％、1995年には17.6％まで高まった。しかし、2010年には8.5％、2020年5.3％と大きく下がり、このまま推移していくと2040年3.8％、2060年には3.2％と低迷するデータが示されている[2]。

　つまり、中長期的に見て日本の「円」が強くあり続けるとは限らない。

もちろん、日本の国際経済力が回復すれば問題はないが、このまま低迷していけば日本で働く外国人のメリットが薄くなり、来日する外国人は少なくなるに違いない。いわば外国人労働者への期待は、日本の国際競争力の強化次第といえる。そのため、長期的には外国人労働者に頼らない労働政策も考える必要がある。

なお、介護産業において ICT やロボットなどの活用も重要視されているが、最終的には介護は「人」でなければ機能しない部分が多い。確かに、これらの技術開発により一定の効率化は図れるかもしれないが、やはり「人」が中軸の産業であることに揺るぎがない。そのため、限られた若者層が介護分野を選び、活躍してもらえる雇用施策が重要となる。

6 制度あっても介護サービスなし

2000 年に始まった介護保険制度のコンセプトは、規制緩和によって多くの供給主体が社会保険を媒介にした「市場」に参画できることであった。その結果、「競争原理」が働き介護サービスの質の向上が部分的には達成され、誰もが介護サービスにアクセスしやすくなった。

しかし、既述のように介護人材不足が深刻化し、有効求人倍率が驚異的に高くなり、多くの介護事業者は人材の確保・定着に苦慮するようになる。そして、やむなく介護市場から撤退する事業所が生じ始めている。

今後、このような状況が続けば介護分野の需給バランスが崩れ、需要側である利用者が供給側である「介護事業所に選ばれる」可能性も考えられる。確かに、これまでも特別養護老人ホームでは、一部、待機者が多く需給のアンバランスは問題であった。

しかし、昨今の介護人材不足を背景とした供給不足は、地域・分野に関係なく全介護サービス全体に及んでいる。当然、この状況が深刻化し

ていけば介護事業者側が利用者を選択してしまい、それはたとえ認知症や重度要介護者であっても例外ではない。つまり、今後、「制度あっても介護サービスなし」といった介護崩壊を招きかねないのである。

❼ 利用者が「選ぶ」ではなく「選ばれる」時代に！

　本来、介護保険制度においては要介護者が自由に介護事業所を選択し、介護サービスを享受できることになっている。

　しかし、さらに介護人材不足が深刻化していけば、「契約」してくれる介護事業所が見つからず、介護サービスを受けにくくなっていく。つまり、要介護者が「選ぶ」のではなく、「選ばれる」立場となってしまうのだ。そうなると、「制度あっても、介護サービスなし」といった事態となる。このままでは2035年、団塊世代がすべて85歳となる時代、大きく需給バランスが崩れ、「介護難民」が続出といった悲惨な事態となる。

　今まで「賃金が他産業と比べて低いから、介護業界には人が来ない」といった要因のみにとらわれ、社会全体が他の側面に真剣に向き合わなかったことが、一層介護人材不足問題を深刻化させていると考える。

　ただし、要介護者やその家族にも問題がないわけではない。繰り返すが、利用者による介護職員に対するセクハラ・パワハラといった対応が明るみとなり、介護職のイメージを悪くしている要因の1つとなっている。この問題は、最終的には利用者や家族のモラルが問われているのである。

注

1）財務省「令和 4 年度国債発行計画概要」（2021 年 12 月 24 日）
2）内閣府「選択する未来—人口推計から見えてくる未来像—」（2015 年 10 月）、
　　124 頁

●●●●● おわりに ●●●●●

　在宅・施設系の介護現場においては、ハラスメント問題が深刻化している。セクハラ・パワハラは、介護職員が退職する大きな要因となっている。もちろん、利用者によるハラスメントに限らず、職員（同僚）などによるものも存在し、昔からの課題となっている。

　ご利用者のご家族の一部が、加害者となる事例も増えており、その対応について理不尽な要求・クレームなども少なくない。特に、家族自身が「閉じこもり・引きこもり」などといった問題を抱えるケースは深刻である。その意味では、ハラスメント対策は、要介護者や家族の責務もある。いくら社会的弱者とはいえ、それなりのモラルが問われる。

　また、介護事業所の管理職を中心に人事マネジメントも問われる。マネジメント不足の管理職が、対応を間違い結果として「二次的加害者」となりえる。

　いわば社会全体のマクロ的視点から、介護現場のハラスメント対策について考えていくべきである。そして、そのことが介護人材不足解決の方向性を見出すことにもなるだろう。

2022 年 9 月　執筆者を代表して

結城　康博

（淑徳大学教授）

執筆者

はじめに　村上　久美子：UAゼンセン日本介護クラフトユニオン（NCCU）副会長

第1章　村上　久美子：同上

第2章　菊谷　淳子：弁護士（ミモザ法律事務所）

第3章　武子　　愛：講師（島根大学人間科学部）

第4章　木村　　彩：フリージャーナリスト

第5章　結城　康博：淑徳大学総合福祉学部教授

第6章　井上　直人：代表（株式会社クリエ）

第7章　牧野　裕美：介護福祉士（日本ホームヘルパー協会東京支部副会長）

第8章　渡邊　由美：訪問看護認定看護師（あげいん訪問看護）

第9章　進　　絵美：ケアマネジャー（株式会社ログ）

第10章　工藤　章子：社会福祉士（特別養護老人ホーム第二南陽園）

第11章　村上　久美子：同上

終　章　結城　康博：同上

おわりに　結城　康博：同上

村上　久美子（UA ゼンセン日本介護クラフトユニオン（NCCU）副会長）

　大学卒業後、衆議院議員秘書を経て1999年に介護業界に転職。介護サービス事業所にて介護事務を担当。2004年ＵＩゼンセン同盟（現ＵＡゼンセン）日本介護クラフトユニオンに入局。2009年政策部長、2010年中央執行委員、2014〜2020年副事務局長、政策部門長、2020年〜副会長。ハラスメント対策の普及・啓発をはじめ、介護従事者の権利を守る調査、相談、政策提言などさまざまな活動に取り組む。

結城　康博（淑徳大学総合福祉学部教授）

　1969年生まれ。淑徳大学社会福祉学部卒業。法政大学大学院修了（経済学修士、政治学博士）。1994〜2006年、東京都北区、新宿区に勤務。この間、介護職、ケアマネジャー、地域包括支援センター職員として介護係の仕事に従事（社会福祉士、介護福祉士）。現在、淑徳大学総合福祉学部教授（社会保障論、社会福祉学）。『介護職がいなくなる』岩波ブックレット、その他、多数の書籍を公刊。

介護現場でセクハラ・パワハラを起こさない！
〜事例に学ぶ　今日からできるハラスメント予防〜

令和4年10月12日　第1刷発行

編　著　村上　久美子・結城　康博

発　行　株式会社**ぎょうせい**

　　　　〒136-8575　東京都江東区新木場1-18-11
　　　　URL：https://gyosei.jp

　　　　フリーコール　0120-953-431
　　　　ぎょうせい　お問い合わせ　検索　https://gyosei.jp/inquiry/

〈検印省略〉

印刷　ぎょうせいデジタル株式会社　　　　　　　　　　Ⓒ2022　Printed in Japan
※乱丁・落丁本はお取り替えいたします。
ISBN978-4-324-11202-1
(5108827-00-000)
〔略号：介護ハラスメント〕

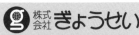